Nadja Tolokonnikowa

ANLEITUNG FÜR EINE REVOLUTION

Aus dem Russischen von
Friederike Meltendorf &
Jennie Seitz

Hanser Berlin

1 2 3 4 5 20 19 18 17 16

ISBN 978-3-446-24774-1

Satz: Greiner & Reichel, Köln
Druck und Bindung: Friedrich Pustet, Regensburg
Printed in Germany

FSC
www.fsc.org
MIX
Papier aus verantwortungsvollen Quellen
FSC® C014889

INHALT

0
EINFÜHRUNG

1.

Wenn ich meine Seele verkaufen muss, damit Putin verschwindet und in Russland politischer Wettbewerb entsteht, dann tue ich es.

Verkaufe deine Seele nicht zu billig.

Entwickle eine Protestkultur. Es gibt eine Esskultur, wie es eine Buch- und Filmkultur gibt – und es gibt eine Protestkultur. Sie besteht darin, unbequeme Fragen zu stellen, Zweifel zu äußern, etwas zu verändern.

Noch ein halbes Jahr bis zum Punk-Gebet. In mir brodelt es in Erwartung großer Veränderungen. Nie haben mich politische Entwicklungen dermaßen schwindlig gemacht wie im Herbst 2011.

Am 24. September 2011 verkündet Putin, dass er eine dritte Amtszeit anstrebt. Eine dritte Amtszeit – kein Scherz. Nach den ersten beiden Amtszeiten hatte Putin den pseudoliberalen Medwedew als seinen Statthalter eingesetzt. Doch jetzt kehrt er zurück. Am 24. September 2011 wird klar, dass sich unser Leben verändert. Es wird klar, dass schwierige Zeiten bevorstehen, in denen ein Leben ohne Lügen zur Herausforderung wird. Leben, ohne zu lügen, wird richtig schwer.

Undenkbar, dass ich mir diese politische Spielzeit – die Parlaments- und Präsidentschaftswahlen – entgehen lasse. Wenn

ich mir die entgehen lasse, begehe ich den größten Fehler meines Lebens.
Meine Entschluss steht fest: Diese Wahlen sollen über mein Leben entscheiden. Ich werde alles dafür tun, diesen unguten politischen Determinismus ins Wanken zu bringen.

2.

Die Macht sind wir.

Russians by birth. Rebels by choice.

Plötzlich durchbohrt eine Nadel mit aller Wucht deinen Nagel und dringt in den Finger. Fünf Sekunden lang versteht das Bewusstsein nicht, was geschehen ist. Kein Schmerz, nichts. Du fragst dich bloß, warum du die Hand nicht aus der Nähmaschine ziehen kannst. Erst nach fünf Sekunden überrollt dich eine Welle aus Schmerz: Wow, schau nur, dein Finger ist auf die Nadel gefädelt. Deswegen kannst du die Hand nicht rausziehen. Ganz einfach.
Vielleicht kannst du einfach fünf Minuten mit dem Finger so dasitzen, aber länger nicht. Du musst weiternähen. Bist du etwa die Erste, die sich den Finger durchsteppt? Ein Pflaster willst du? Woher denn? Du bist hier im Lager, Kleines.
Und du nähst. Mich schüttelt es – nicht vor Schmerz, sondern vor Staunen: Zum ersten Mal ist etwas in meinen Finger eingedrungen. Ich wurde quasi entjungfert. Das ist ein großes Ereignis.

3.

Gründe, warum man Russland verlassen muss, finden die Menschen viele. Welche zu bleiben in der Regel weniger. Dabei sind diese viel existentieller. Die möchte man nachempfinden, sich zu eigen machen.
»Warum ich nicht weggehe? Weil ich hier lebe … hier fühle, mich hier … verliebe.«
Rennt nicht weg! Verliebt euch!

An der Passkontrolle des Moskauer Flughafens Scheremetjewo. Wir kehren gerade nach Russland zurück. Der junge Grenzer nimmt meinen Pass, tippt was in den Computer, nimmt noch mal meinen Pass, schaut ganz genau. Greift zum Hörer. Fragt: »Tolokonnikowa, Nadja Andrejewna. Durchlassen?«
Hört die Anweisungen, nickt. Drückt mir einen Stempel in den Pass, lässt mich durch.
Mascha ist die Nächste. Der Grenzer hämmert ihre Daten in den Computer und holt tief Luft.
»Junge Frau, was macht man mit Ihnen an der Grenze denn sonst so?«
»???«
»Na, wenn Sie an die Passkontrolle kommen und da sitzt so ein junger Kerl wie ich – was macht der? Ruft der seinen Vorgesetzten an?«
»Bin ich, ehrlich gesagt, überfragt. Was denn, ist es so schlimm?« Mascha nickt Richtung Computer.
»Na ja, könnte schlimmer sein, aber gut ist anders.«

4.

Wovon man mich nicht alles abhalten wollte: Tu dies nicht, rede mit dem nicht, geh dort nicht hin. Bitte keine Aktionen. Lieder auch nicht. Nur angemessene Fotos. Was immer ich mir ausdenke, ist zu dreist, zu provokativ.
Ich wähle das Handeln. Ab und zu kriege ich dafür eins auf die Nuss – alles hat seinen Preis. Entscheide dich. Bete nicht. Hör auf dein Inneres. Lebe.

»Der Feminismus ist in Russland nicht organisch gewachsen, er entbehrt hier jeder Grundlage. Der Feminismus zielt darauf ab, die Grundfesten des Christentums zu zerstören. Der Feminismus versucht, die Frau mit dem Mann auf eine Stufe zu stellen, sie ihrer weiblichen Vorzüge zu berauben. Die Frau wird dem Mann weggenommen. Der Feminismus zerstört die Familie. Besondere Rechte für Männer, Frauen und Kinder zerstören die Familie. Wir als Getaufte müssen den Feminismus als Gift betrachten, das, wenn es in das Bewusstsein der Gesellschaft und der Familie eindringt, den Menschen unglücklich macht.«
(Erzpriester Dmitri Smirnow, populärer Sprecher der russisch-orthodoxen Kirche)

Wir hatten schon immer eine Vorliebe für YouTube-Filmchen mit dem Erzpriester Smirnow. Er war unsere Sonne, einer derjenigen, die uns zu Pussy Riot inspirierten. Wir lagen unterm Tisch, wenn wir seine Auftritte anschauten – und wie wir so herunterkugelten, kam uns die Idee, eine feministische Punk-Band zu gründen.

5.

Eine Frage an Pussy Riot liegt auf der Hand:
»Was zum Teufel macht ihr Mädels da? Warum sitzt ihr nicht einfach auf dem Sofa und trinkt Bier?«

Was zwingt uns zu handeln? Die Tatsache, dass die wichtigsten politischen Institutionen unseres Landes Sicherheitsorgane, Armee, Polizei, Geheimdienste und Gefängnisse sind. Und ein durchgedrehter Möchtegern-Superheld, der halbnackt auf Pferden reitet und vor nichts und niemandem Angst hat, außer vor Homosexuellen. Ein Mann, der so großzügig ist, dass er das halbe Land an seine engsten Freunde verschenkt hat – die Oligarchen.

Erst wenn wir gemeinsam handeln, können wir andere Institutionen etablieren.

Anfang 2012. Wir tragen Sturmhauben und reden mit Journalisten. Niemand hat je unsere Gesichter gesehen. Die Strumpfhosen jucken an den Beinen. Die Wolle dringt in Mund und Augen. Die Sturmhauben sind mit der Nudelsauce und der Pizza verschmiert, die wir während des Interviews essen, ab und zu gibt es Brandlöcher, weil wir rauchen.

6.

Macht haben nicht diejenigen, die über Posten und Gefangenentransporter verfügen, sondern diejenigen, die ihre Angst überwinden. Es ist ganz einfach: Hab keine Angst.

Als der Staat beschloss, uns zu verhaften, waren wir keine professionellen Politikerinnen, Revolutionärinnen oder Mitglieder einer Untergrundorganisation. Wir waren Aktivistinnen und Künstlerinnen. Ein wenig naiv und offenherzig, wie das bei Künstlern eben vorkommt.
Im Moment unserer Verhaftung ähnelten wir eher den Helden bei Woody Allen als einer Salt oder einer Lara Croft. Wir lachten eher über unsere Verfolger, als dass wir Angst vor ihnen hatten. Wir prusteten los bei dem Gedanken an die Absurdität der Situation, während eine Heerschar gut ausgebildeter, vom Staat bezahlter Schnüffler einer Gruppe von Prankstern und Freaks mit absurden grellen Mützen überm Gesicht hinterherjagte.
Wir – die fünf Teilnehmerinnen des Punk-Gebets – saßen da, unsere Rucksäcke umschlungen, tranken Kaffee und gewöhnten uns allmählich an den Gedanken, dass jeder Schluck der letzte in Freiheit sein könnte.

7.

»Verfahren Nr. 17780, Ermittlungsbehörde des Ministeriums für Innere Angelegenheiten (OMWD) Russlands im Bezirk Chamowniki, 24. Februar 2012:
Sicherungsmaßnahmen ohne Inhaftnahme können die Einhaltung der von der Strafprozessordnung auferlegten Verpflichtungen der Beschuldigten nicht garantieren, sie ermöglichen der Angeklagten Tolokonnikowa unterzutauchen, die Durchführung ihres Verfahrens zu behindern und die Tätigkeit fortzusetzen, auf deren Grundlage das vorliegende Strafverfahren eingeleitet wurde.«
(aus den Unterlagen im Strafprozess gegen Pussy Riot)

Damit du keine weiteren Aktionen startest (deine »kriminelle Tätigkeit nicht fortsetzt«, wie sie es nennen), sperren sie dich hinter Gitter. Mach trotzdem weiter mit deinen Aktionen. Auch im Gefängnis.

Mein Mann Petja und ich verließen das Haus, um ein Geschenk für unsere Tochter Gera auszusuchen – am nächsten Tag, dem 4. März, war ihr Geburtstag. Wir hatten zu dem Zeitpunkt schon eine kleine Spielzeug-Dachsfamilie zusammen – Mama, Papa, Tochter, Sohn. Jetzt brauchten wir für die noch Möbel, eine Küche und eine Igelfamilie als Freunde.

»Stehenbleiben!« An den Glastüren der Metrostation Begowaja stürzen sich zehn Männer auf mich und Petja. In Zivil.

Petja schleudern sie mit Gewalt an die Wand.

»Du Sackratte, hierher!« Sie zerren mich weg.

Wir werden in die Zelle eines Polizeistützpunkts gedrängt. Die Zivilbullen wedeln mit Pappen des Moskauer Fahndungsdienstes. Sie sind an die zwei Meter groß, tragen Trainingsanzüge und Fake-Adidas.

Ich reiße die Seite mit dem Passwort des Pussy-Riot-Postfachs aus meinem Notizbuch, zerknülle sie und schlucke sie runter. Das Papier bleibt mir im Hals stecken.

»Kann ich Wasser haben?«, frage ich.

»Du Nutte hast es nicht verdient, gut behandelt zu werden!«, antwortet der Bulle.

Als Antwort ziehe ich die Kapuze über und lege mich auf die Bank im Polizeistützpunkt. Der Gedanke an eine Unterhaltung mit diesen Fahndungsleuten ist nicht gerade erfreulich. Mir steht ein langer Weg bevor, ich muss Kräfte sammeln.

»Gewöhn dich dran zu *sitzen*, Schlampe!« Ein anderer, ebenfalls im Trainingsanzug, packt mich und reißt mich hoch.

»Sie benehmen sich echt merkwürdig. Na gut, ich les ein bisschen«, entgegne ich und hole ein Buch raus.
Petja schafft es, mit dem Anwalt zu telefonieren. Fünf Sekunden. Die Fahndungsfuzzis sind wütend, dass sie nicht aufgepasst haben, nehmen das Telefon und zerlegen es in Einzelteile.
»Fuck, die tut so, als würde sie lesen«, der Fahnder nickt böse grinsend in meine Richtung.
»Ich lese, wie ich das immer mache«, sage ich lächelnd und rücke das gepunktete Haarband zurecht.

8.

»*Feminismus* und *Feministin* sind obszöne Schimpfwörter«, sagte Beloglasow, ein Wärter der Christ-Erlöser-Kathedrale und einer der »Geschädigten«, beim Prozess gegen Pussy Riot.

Wenn das so ist, dann fluche, sooft es geht. Schimpfe und sei unanständig.

Früher konnte ich keine Liegestütze machen wie Männer, mit der Brust bis auf den Boden. Im Gefängnis habe ich es gelernt. Ich verausgabe mich auf den Spaziergängen mit Hunderten von Übungen. Und dann gehe ich in die Sporthalle, schnappe mir Hanteln, irgendwelche Sportgeräte und zeige anderen, wie man boxt oder wie man sich beim Ringen abrollt.

9.

Journalist: »Eine letzte Frage: Was bedauern Sie in Ihrem Leben am meisten? Was, denken Sie, war ein Fehler, den Sie nie wiederholen möchten?«

Wladimir Putin: »Ich will ganz offen mit Ihnen sein: Ich kann Ihnen da nichts nennen. Offensichtlich hat Gott mein Leben so gelenkt, dass ich nichts bereuen muss.«
Antwort: »Sie sind ein glücklicher Mensch.«
Wladimir Putin: »Dem Herrn sei gedankt.«

Der Staat – das sind einfach Beamte, Bürogehilfen, die wir bezahlen. Keine Herren. Nur Gehilfen. Beamte sollten gewissenhaft und bescheiden sein, bereit, jederzeit Rechenschaft abzulegen. Wenn ein Beamter das nicht tut – auf Wiedersehen! Wir finden einen anderen.

Ich stehe mit Mühe auf und gehe pinkeln. Ich habe monströsen Hunger. Mein Magen träumt von Essen und infiziert damit mein Gehirn.
Der erste Tag im Gefängnis.
Die Toilette: ein stinkendes Loch im Boden, aus irgendeinem Grund auf einem gekachelten Sockel. An der Decke, direkt über dem Loch, hängt eine Überwachungskamera. Gute Unterhaltung, Schweine! Ich lasse die Hosen runter und hocke mich hin.
»Frühstück! Frühstück!« Lärmend klappt die Luke in der Gefängnistür auf. »Hier, das Frühstück!«
»Ich will keins.«
»Trotzdem, hier.«
»Ich will nicht. Ich bin im Hungerstreik.«
»Und gehst du wählen?«
»Ja, klar.« Plötzlich werde ich munter.
»Dann fertigmachen, anziehen, Bett machen.«
Eine halbe Stunde später ist die Nachricht, dass ich im Hungerstreik bin, beim Chef der Isolationshaft angekommen, und man zerrt mich zu ihm. Gleich nachdem ich wählen war.

»Hör mir bloß auf mit dem Theater. Nimm deine Erklärung wieder mit, ich werde eh nicht unterschreiben.« Der Chef macht keinen Hehl daraus, dass er von meinem Hungerstreik genervt ist.

»Die Erklärung müssen Sie annehmen. Und ich bleibe im Hungerstreik.«

»Dir ist schon klar, dass das alles keinen Zweck hat?«

»Meine Entscheidung steht.«

»Ist dir wenigstens klar, wie du dich hier aufführst, ja?«

»Wie denn?«

»Wie so eine, na, so 'ne Revoluzzerin.«

»Das ist sehr schmeichelhaft.«

»Also, wollen wir jetzt essen?«

»Nein.«

Man bringt mich zurück in die Zelle. Beißend grelles Licht und der Gestank nach ungeputztem Klo.

10.

Jede deiner Gesten bedeutet etwas, auch wenn du dir das nicht vorstellen kannst. Mit jeder Geste setzt du Normen. Keine Entscheidung, die du fällst, fällst du ausschließlich für dich.

»Während Ihres Prozesses war ich fast jeden Tag im Gericht Chamowniki. Ich denke immer wieder an die Richterin Syrowa. Denken Sie oft an sie?«, fragt mich eine Journalistin. Sie ist eigens in die Strafkolonie gekommen, um mich zu interviewen. Ich bin zum Umfallen müde – seit Tagen haben wir uns auf den Besuch der Journalistin vorbereitet. Das Lager geschrubbt, die Böden gewichst, die Leisten lackiert, Metallstockbetten von einer Baracke in die nächste geschleppt.

»Nein, nie. Die Richterin ist für mich ein graues Nichts.« Ich zucke mit den Schultern.
»Hören Sie mal, dieses *graue Nichts* hat Ihnen zwei Jahre aufgebrummt.«
»Ist doch nicht schlimm.«
»Aber dieses Nichts ist in Freiheit, und Sie sind hier!« Vor Empörung springt die Journalistin auf.
»Jesus ist sogar gestorben.«
Schweigen.
»Wollen Sie Präsident Putin etwas sagen?«
»Eigentlich nicht. Ehrlich gesagt, ist der Luft für mich.«

1
WIE MAN OHNE PHALLUS IN EINER PHALLOZENTRISCHEN WELT ÜBERLEBT

11.

Empowering people.

»Die Sorokina pisst, als hätte sie einen Schwanz«, raunen die Näherinnen der mordwinischen Strafkolonie einander bei der Arbeit zu.
Ich wusste von Sorokina nur, dass sie sich durch die halbe Kolonie gefickt hat. In mir ruft so etwas eine Flut übermenschlicher Zärtlichkeit hervor.
»Ja?«
»Ja.«

12.

Erleuchtung kommt nicht einfach so. Aber du kannst dein Bündel schnüren und dich auf den Weg machen in der Hoffnung auf Entdeckungen, Abenteuer und Schätze.
Und wenn die Erleuchtung über dich gekommen ist, gib dich ihr hin.

»Ninka kommt zu mir und sagt: ›Komm, wollen wir zusammen fallen?‹«, erzählt mir Natascha überschwänglich über Nina Sorokina, die Lesbe Nummer 1 in unserem Lager.

Ich nähe und sitze dabei gegenüber von Natascha – geschwätzig, aalglatt und eifrig ist sie. Die schnellste Näherin am Band. Alle gehen gerne mit Natascha in die Banja, denn sie ist dünn und hat dabei große Brüste. Wie auf den Bildchen. Alle schauen und staunen: Wie, gibt es das echt auch in Wirklichkeit, wie auf den Bildchen?

»›Fallen?‹«, frage ich nach.

»Fallen, fallen. Wie? Weißt du etwa nicht, was das heißt? Zum Ficken hat sie mich aufgefordert. Im Kabuff.«

»Haha, cool ist die, eure Ninka. Und du, hast du etwa abgelehnt?«

»Natürlich.«

»Scheiße noch mal, wieso denn?«

13.

You have questions. We have Pussy Riot.

»Die Sorokina darf sich nicht in die Finger nähen.«

»Warum nicht?«

»Weil die Hand ihr wichtigster Körperteil ist.«

»Ja?«

»Klar, die ist ihr Schwanz.«

Der hat's euch wohl angetan, liebe Frauen, dieser Schwanz. Macht es euch echt so viel Spaß, ihn selbst dort zu sehen, wo keiner ist?

Ihr sagt: den Phallozentrismus dekonstruieren. Von wegen. Völlig überdekonstruiert.

14.
Lies keine Nachrichten, mach sie.

Zu dem Vortrag über feministischen Punk am 30. September 2011, mit dem die Geschichte der Gruppe Pussy Riot begann, druckten wir eine Zwei-Meter-Kopie von Lynda Benglis' *Artforum Advertisement* aus.
Die Arbeit von Benglis ist ein bizarrer Mix prälogischer, irrationaler, totemischer Stereotypen: 1) Frau, weibliche Sexualität, Mutter-Frau, Brust, Amme und 2) Phallus, Phallozentrismus, männliches Prinzip, Härte, Druck, Aggressivität.
Das Thema der Verbindung von weiblicher und männlicher Identität in einem Menschen, dem Benglis in ihrer Arbeit nachgeht, ist genau das, was mich Jahr um Jahr dazu zwingt, Gender-Theorie zu betreiben, Traditionen des Feminismus zu erforschen, Platons *Symposion* zu lesen und ein androgynes Wesen zu sein.

15.
»Wenn du Schilderungen von Liebe als Krankheit liest, denkst du: ›Fuck, was für rosa Rotz mit Mayonnaise, was heißt hier Krankheit, das ist doch ganz normale Ergebenheit, die aus einer Mischung unterschiedlicher Wünsche resultiert.‹ Aber wenn du zwei Wochen ununterbrochen an dieser Krankheit leidest, dann wird dir klar, wie sehr einen dieser Scheiß in Beschlag nimmt.«
(Petja Wersilow, Politiker und Künstler)

Der Scheiß verwandelt dich. Hege ihn.

Sorokina nimmt zwei Zigaretten aus der Packung, steckt beide zwischen die Lippen und zündet sie an. Hält mir eine angesteckt hin, die zweite behält sie. Sie hat ein graues Daunentuch mit voluminösem Flaum um und ähnelt damit wegen ihrer großen Nase einem Adler, der noch nicht flügge ist. Das Tuch hat Nina von einer Frau, die in sie verliebt ist. Ich nenne sie nicht Nina: Die, die ich will, verlieren für mich ihren Namen.

Neun Uhr abends, in den Dörfern Mordwiniens wird es Nacht. Keine Kühe, die muhen. Keine Pferdewagen mit Sauerkrautfässern.

Gegenüber bei den Mechanikern brennt das Licht. Dorthin schickt man die inhaftierten Frauen, wenn es diese sehr stark nach körperlicher Nähe verlangt. »Es wird Zeit für die Mechaniker«, heißt es dann. Vier Kerle arbeiten da, alle vier Alkoholiker. Der Gang zum Mechaniker endet für so manche mit einer Entbindung im mordwinischen Lagerkrankenhaus Baraschewo.

Rund um die Nähhallen ist es leer. Keine Menschenseele. Zu dieser Uhrzeit darf man die Halle nicht verlassen. Wir haben sie verlassen. Spazieren, rauchen.

Sorokina lebt an meiner Seite auf. Frauen zu verführen und sich in sie zu verlieben – das ist das Lebenswerte, was sie in ihren neun Jahren hier in der Kolonie gefunden hat. Und ich lerne begeistert und dankbar ihre Methode, Tod und Langeweile zu überwinden.

Hinter dem schlappen Lagerzaun aus verfaultem Holz liegen schwarzer Wald und Sumpf. Neun Jahre. Neun Jahre hinter einem verfaulten Zaun.

Aber mir ist hinter diesem Zaun gerade nicht langweilig.

16.

»Seiner Kenntnis nach habe Tolokonnikowa seine Tochter in die sogenannte feministische Bewegung hineingezogen. Aus gegebenem Anlass habe er mehrmals ausdrücklich die Idee des Feminismus in Russland verurteilt, weil diese Bewegung seiner Meinung nach nicht der russischen Zivilisation entspreche, die sich von der westlichen unterscheide.«

(aus dem Urteil im Verfahren gegen Pussy Riot)

Think big.

»Warum hältst du mir eigentlich die Tür auf?«, stichele ich, als Sorokina und ich aus der Halle in das feuchte Märzschneetreiben treten. »Wann hast du zum ersten Mal beschlossen, dass du Frauen die Tür aufhalten wirst?«

»Weiß nicht mehr«, winkt sie ab.

Das Ergebnis meiner Gender-Diskussionen mit Sorokina ist so dürftig, wie wenn du einen Mann beim ersten Date fragst, warum verdammt noch mal er Blumen angeschleppt hat. Er hat sie angeschleppt und gut is. Hätte auch keine anschleppen können. Ist ihm doch scheißegal.

17.

»Jegliche Pionierarbeit ist theatralisch.«

(Alexandra Kollontai, die leidenschaftlichste Feministin der frühen Sowjetzeit)

Lebe so, dass dein Leben ein Filmplot werden könnte.

Ich werde in die operative Aufsichtsabteilung zitiert.
»Du hast Zeitschriften geschickt bekommen, aber ich gebe sie dir nicht.«
»Warum nicht?«
»Es handelt sich um Homosexuellenpropaganda«, antwortet die Aufsichtsfrau scharf, kritzelt auf das Regenbogen-Cover meiner Zeitschrift »S C H W U C H T E L N« und legt sie zur Seite. »Tolokonnikowa, ist dir eigentlich bewusst, dass im Lager nicht nur die Theorie von Homosexualität, sondern auch die Praxis verboten ist?«

Die Dialektik von Theorie und Praxis.

18.

Im Iran sind 27 Prozent der Parlamentsmitglieder Frauen, in Russland 11 Prozent. Wir liegen nur vor den ärmsten Ländern Afrikas und vor der arabischen Welt, in der gesetzliche und religiöse Verbote politischer oder gesellschaftlicher Tätigkeit von Frauen gelten. Zudem zeigen Umfragen, dass jeder vierte Bürger Russlands denkt, in der Politik sei kein Platz für Frauen oder dass man ihre Zahl senken sollte.

No fun, baby, no fun.

Der zweite Tag in der Werkhalle. Slata bringt mir Nähen bei. Slata sitzt seit acht Jahren. Kam als Jugendliche. Im Lager wurde sie zum Jungen. Talent, Veranlagung, aufgewachsen auf der Straße – ein Wildfang, der durch Oberfenster in Wohnungen einstieg. Schwarze Haare, Raucherstimme, lange Wimpern. Beine, Grazie, Größe, Figur. Und – ohne jede weibliche Affek-

tiertheit: ein jungenhafter, aggressiver Drang und die Fähigkeit, sich zu nehmen, was man will.
Slata ist so geworden, wie ich immer sein wollte, aber nicht konnte.

19.

Mit dem Aufstellen von Regeln, nach denen ihr heute einvernehmlich in einer Bar Mädchen aufreißt (und sie euch), hat sich George Sand ihr Leben lang beschäftigt. Und ist dabei erstickt unter einer Lawine von Vorwürfen wegen Unmoral. Das war ein verflucht gutes Leben, denn Leben beginnt da, wo es Kampf und Überwindung gibt.

Expanding possibilities.

Wir trinken löslichen Kaffee – den stärksten löslichen Kaffee, der mir je untergekommen ist. Kaffee so stark wie Absinth. Später lerne ich im Lager, selbst solchen Kaffee zu machen – jeden Morgen. Slata teilt mit mir ihre leckeren Schokoriegel, und ich ziehe aus den Socken Bounty und Snickers, die ich trotz Filzen durchs Tor des Industriegeländes geschmuggelt habe.
»Du lernst schnell.« Slata lacht. Sie schämt sich für ihre Zähne, wegen der Lücken, und möchte sich neue machen lassen, wenn sie rauskommt. Aber ich finde, dass die Lücken ihre Verwegenheit unterstreichen, und das ist gut.
Ich rede wenig, habe Angst vor meinen Worten. Die sind für ein Gespräch mit Slata irgendwie zu glatt, zu gebildet. Meine Sprache und ihre – das ist wie totes Latein im Vergleich zu lebendigem Italienisch. Slata wird, wenn sie mir zuhört, verlegen ob ihrer Sprache, die ihr schlicht und vulgär vorkommt. Aber

ich finde, dass in Slatas Sprache viel mehr Leben steckt als in meiner. Mehr Nuancen und Schattierungen. Hier entscheidet die Betonung: Ein und dasselbe Wort kann, unterschiedlich betont, völlig Unterschiedliches meinen. Wie im Chinesischen.
Sie hat acht Jahre abgesessen und will auf Bewährung früher raus. Sie bindet sich ein weißes Kopftuch um, wenn die Aufseherin kommt, und sagt: »Guten Tag.« Dabei ist sie eigentlich ein Raubtier, muss wild tanzen, spielen, Leute anpöbeln – Miley Cyrus wird dafür mit Liebe und Millionen Dollar bezahlt, Slata verschwendet ihre Grazie an Mordwinien.

20.
»Als was sieht die orthodoxe Kirche den Feminismus?
Als weitere Schwachsinnsidee des westlichen Bewusstseins.«
(Haltung der russisch-orthodoxen Kirche zum Feminismus)

Geh hin und schrei ihnen ins Ohr: »Was ist das für ein verfickter sexistischer Schwachsinn?«

Slata bekommt öfter mal Besuch von Vera aus der Nachbarhalle. Vera ist jung und sehr weiblich: Langes dichtes blondes Haar, mädchenhaftes Benehmen, schlank, Körbchengröße C. Vera setzt sich mit einem Plastikbecher Kaffee hin und betrachtet Slata stundenlang. Später erzählt mir Vera, dass sie sich in ihren sechs Jahren Strafkolonie nie in jemanden verliebt hat, aber das ist gelogen.
Slata gefallen so kleine Mädchen wie Vera nicht. Ihr gefallen die, mit denen man ordentlich rummachen kann. Manchmal hat Slata schnellen, wilden Sex mit Lisa, einer erfahrenen Insassin aus einer anderen Halle. Lisa hat rotblond-verbranntes locki-

ges Haar, eine raue Stimme und den unverschämtesten Blick im ganzen Lager. Und wenn Slatas fester Freundin Katja, unserer Truppenältesten, Gerüchte über diese Treffen zu Ohren kommen, dann knallt's. Dann fliegen Geschirr, Bänke, Blumentöpfe.

21.

Have you forgotten how good a riot tastes?

Heute Nacht kam es in Moskau zur Rache am tausendjährigen Patriarchat. In der Villa eines Aristokraten aus dem vorigen Jahrhundert. Laute Musik. Menschenmassen. Drei Uhr morgens.

Eine Schlange vor der Männertoilette, vor der Frauentoilette KEINE SCHLANGE, ein junger Kerl kann's nicht mehr verdrücken und kommt zu uns ins Frauenklo. »Entschuldigung«, sagt er zu mir und geht in die Kabine. Wie oft ging es mir wie ihm! Und erst heute Nacht geschah das WUNDER.

22.

Was die Kleidungsfrage angeht, sind Frauen freier als Männer. Über eine Frau im Anzug wundert sich heute wohl niemand mehr, während ein Mann im Kleid oder Rock zumindest ein Schmunzeln hervorruft, doch in einigen Ländern ist es möglich, dass man ihn dafür umbringt. So auch in Russland.

Für das 21. Jahrhundert steht an, den Männern in Bezug auf Kleidung und Kosmetik mindestens so viele Freiheiten zuzugestehen wie den Frauen.

Slata fängt Sorokina und mich mit ihrem Blick ein und schaut uns lange hinterher, als wir zu meiner Nähmaschine gehen. Sorokina läuft betont gewichtigen, fließenden Schrittes mit stolz erhobenem Kopf und setzt die Füße beim Gehen breit auseinander. Wie ein Kerl. Wie Slata trägt sie das Kopftuch im Gangsterstil: Die Enden nicht vorn zusammengebunden wie Aljonka auf der Schokoladenpackung, sondern hinten wie Jack Sparrow und Konsorten. Slata ist die Liebste der Truppenältesten und Sorokina die Meisterin der Nachbarbrigade: Beider Status garantiert Protektion.

Fünf Minuten vorher war ich durch die gesamte Halle getigert auf der Suche nach jemandem, der mir den Motor repariert. Alle lehnten ab, angekotzt von den ewigen Pannen. Zehn Leute hatten mir gleich gesagt, ich solle mich verpissen. Sorokina aber bot von sich aus an zu helfen. Also gingen wir den Motor reparieren.

Sorokina riecht stark nach einfachem Männerparfüm. Parfüm ist im Lager verboten – es enthält Alkohol. Aber gegen viel Geld kann man es aus zuverlässigen Quellen bekommen. Es ist schwieriger als draußen mit den Drogen.

23.

Und Gott schuf die Feministin.

Im Knast ist die Teilnahme an Schönheitswettbewerben Pflicht. Wenn du nicht teilnimmst, wirst du nicht vorzeitig entlassen. Nimmst du nicht an der Wahl zur *Miss Liebreiz* teil, gibt es einen Vermerk in deiner Akte: »… verfügt über keine aktive Lebenseinstellung.« Ich habe den Wettbewerb boykottiert. Und deswegen hat das Gefängnis entschieden, dass ICH ÜBER

KEINE AKTIVE LEBENSEINSTELLUNG VERFÜGE. Aufgrund meiner Nichtteilnahme am Schönheitswettbewerb hat mir das Gericht eine vorzeitige Entlassung verweigert.
Das Lager war auch der Ansicht, dass Slata nicht für eine vorzeitige Entlassung bereit ist, solange sie bei Gefängniskonzerten keine hohen Hacken trägt. Ohne Absatzschuhe auf der Bühne, das ist nach Meinung der Lagerleitung zu männlich. Eine Frau muss Absätze tragen. Slata wurde die vorzeitige Entlassung erst gewährt, nachdem sie ein Jahr lang bei Auftritten Absätze getragen und damit ihre Loyalität gegenüber dem weiblichen Regime unter Beweis gestellt hatte.

24.

Als ich zehn war, gestand ich einem Klassenkameraden, dass ich Feministin bin. Er antwortete: »In ein paar Jahren wirst du aufhören, Männer zu hassen, dann fängst du an, sie zu mögen, und hast keine Lust mehr auf Feminismus.« Am liebsten hätte er mich wohl beschimpft, aber das ging nicht: Er schrieb immer die Hausaufgaben von mir ab.

Wenn du Sexist bist, schreib nicht von dummen Tussen ab.

Das erste Lied von Pussy Riot, Oktober 2011:

Töte den Sexisten

Dir stinken die stinkenden Socken,
Papas stinkende Socken.
Dein Mann trägt dann auch stinkende Socken,
Das ganze Leben, stinkende Socken!

Deine Mama steckt fest im dreckigen Geschirr,
Vom stinkenden Fressen dreckigem Geschirr,
Mit verkohltem Hühnchen wischt sie den Boden.
Deine Mama lebt im Knast.

Im Knast wäscht man Töpfe im Klärschlamm.
Im Knast gibt's keine Freiheit.
Höllisches Leben, Herrschaft der Männer,
Geh auf die Straße, befreie die Frau'n!
Riecht doch selbst an euren Socken,
Vergesst nicht, euch am Arsch zu jucken.

Rülpst, kotzt, sauft, scheißt,
Wir vergnügen uns solang als Lesben!
Beneidet doch selbst euren Penis, ihr Wichser,
Den langen Penis beim Saufkumpanen,
Den langen Penis in der Zombiekiste,
Bis die Kacke bis zur Decke steht!

Werde Feministin, Feministin, ja!
Frieden für die Welt, Männern – den Tod,
Werde Feministin, vernichte den Sexisten,
Töte den Sexisten, wische weg sein Blut!

Werde Feministin, vernichte den Sexisten,
töte den Sexisten, wische weg sein Blut!

25.
There is a Pussy Riot inside you.

Ich verstehe nicht, wie zwischen Männern und Frauen überhaupt etwas laufen kann. Der Penisneid offenbart sich im für

Reflexionen unpassendsten Moment. Frauenzeitschriften empfehlen, in diesen Momenten den Kopf abzuschalten. Und zu genießen. Aber wie soll ich den Kopf abschalten, wenn ich leide: Warum hat er einen Penis und ich nicht? Von Kindheit an reagiere ich auf Ungerechtigkeit äußerst empfindlich.

Mit Derrida und Kristeva habe ich versucht, den Phallozentrismus zu überwinden. Geschwitzt haben wir. Der Schweiß strömte, die Achseln nass und stinkend, das T-Shirt ausgeleiert und fleckig. Doch verdammt noch mal, überwunden haben wir nix.

Also muss ich ohne Phallus in einer phalluszentrierten Kultur überleben. Mich winden, im Kreis drehen. Dem Neid entkommt man nicht. Aber wisst ihr, Neid ist ein mieses Gefühl.

26.

»Einige Anhänger finden ja, dass Gruppensex besser ist als individueller, da kann man nämlich, wie bei jeder kollektiven Arbeit, die anderen machen lassen.«
(Wladimir Putin, Präsident der Russischen Föderation)

We need revolution and we need it now.

In der Pause zwischen dem ersten und zweiten Akt hielt uns Sascha einen VORTRAG über den Nutzen von Sex: Wie positiv er sich auf Gewicht und Figur auswirkt, wie er die Stimmung hebt, dem TEINT guttut und überhaupt noch tausend andere Vorteile hat, der Sex. Wir bekamen eine echte LEKTION und hörten aufmerksam zu. Am Ende ging es darum, wie Sascha früher nicht konnte, aber an sich gearbeitet und dann erst im letzten Sommer (sie war 23) die Fähigkeit zum Orgasmus erlangt hat und dass sie das gut findet. Ein gelungener Vortrag. Am Ende des zweiten Aktes erreichte Sascha oben – unter meiner Mitwirkung – schließlich sehr ausführlich ihren Orgasmus; das dauerte, Sascha war laut, Sascha unterbrach einige Male, nahm alle Kräfte zusammen und kam sehr laut zu ihrem eigenen Abschluss des zweiten Aktes, so ausdauernd wie in der Liebesszene zwischen den Heldinnen in *Marinas dreißigste Liebe* von Wladimir Sorokin.

27.

The better the ingredients, the better the revolt.

> Im Lager ist mir süß und gar nicht elend,
> Dem Mann in Freiheit schick ich keinen Brief.
> Niemals, nie wird er erfahren,
> Dass ich hier zu Maruska lief.
> *(Dina Vierny, »Lesbisches Hochzeitslied«)*

Zeiten, in denen du im Straflager verliebt bist, sollten gerechterweise nicht auf die Haftzeit angerechnet werden. Denn dann hört das Lager auf, eine Strafe zu sein. Das wissen alle: Deswegen sind viele auf der Suche, in wen man sich verlieben könnte. Es mag scheinen, dass der Mensch im Straflager alles verliert. Aber Gender-Stereotypen zu verlieren erweist sich selbst im Lager als gar nicht so einfach. Verlieben tun sich die Mädchen um mich herum am liebsten in die, die sie an Männer erinnern. Was ich persönlich als Verrat am gesamten weiblichen Geschlecht erlebe. Das ist der verfickte Phallozentrismus.

28.

I wouldn't leave the house without a feminist.

Das Aufsichtspersonal filzt meine Bücher und Zeitschriften. »*Frauenbewegung in Russland*. Das liest du? In deinem Alter! Mit 22!«
»Was meinen Sie damit? Zu spät? Ich lese schon lange, so seit ich zehn bin, Texte über Feminismus«, rechtfertige ich mich.
»›Zu spät!‹« Die Frau mit den Schulterklappen äfft mich nach. »Kindchen, du solltest in deinem Alter besser etwas über die Liebe lesen! Und du verschwendest deine Zeit mit diesem Schwachsinn.«

29.

Lacan sagt, dass es *die* Frau nicht gibt. Ich sage, dass es auch *den* Mann nicht gibt.
Vergiss die Hoffnung, dass die vorigen Generationen schon alles für dich erledigt und zuvorkommenderweise alle Aspekte der Gender-Rollen aufgelistet haben. Denk nicht, dass du einfach nur die Aufgabe hast, mit einem bestimmten Geschlechtsmerkmal auf die Welt zu kommen (und von da an ist angeblich alles klar: die Jungs mit Uniform und Pistole in der Hand nach rechts, die Mädchen, in Spitze und mit Pinzette für die Augenbrauen, nach links).

Die Frau und *den* Mann gibt es nicht.

Einmal komme ich in die Werkhalle des Gefängnisses und sehe, dass sich alle die Augen schminken.

»Was ist los?«, frage ich neugierig.
»Ein neuer Mechaniker hat angefangen.«
»Klar, noch so 'n Penner«, ich presse die Lippen aufeinander. Männer können mir in diesem Frühling gestohlen bleiben.
»Er sieht wohl gut aus.«
»Okay.«
Als der Mechaniker eintritt, braucht es keine Ankündigung. Von der Tür, in der er auftaucht, bis tief in die Werkhalle hinein rollt eine Welle weiblichen Hungers und reißt mich vom Stuhl: Schau uns an – wir sind gar nicht so übel, du toller Hengst. Das Mädchen neben mir windet sich aus ihrem weißen Taschentuch eine Schleife ins Haar. SCHEISSE NOCH MAL, GEFICKTER SCHWANZ, jagt es mir durch den Kopf.
Was hat dieser Mechaniker, was ich nicht habe? Einen Schwanz, ehrlich?

30.

Do it with a woman.

Lena sitzt in der Kantine allein am Tisch. Sie isst nicht. Alle im Lager kennen sie, viele lieben sie, und viele beneiden sie. Sie hat ordentlich gesessen, schon an die sieben Jahre. Schön. Vollbusig. Hohe runde Stirn, fein geschwungene Lippen und – wie es sich für eine Frau gehört – Augen wie eine Katze. Und Wimpern. Sie sitzt allein am Tisch, in ihr Wolltuch gehüllt, und beobachtet mich.
»Nadjusch, komm zu mir, setz dich. Wenn du in die Kantine kommst, halt dich an mich. Dann passiert dir nichts.«
Wir essen Nudelsuppe mit Pflanzenöl, dazu Brot. Gutes Brot hat sie, aus dunklen Kanälen. In der Regel kriegen alle altes

Brot, aber so zehn Prozent, die mit Beziehungen, essen frisches.
Ein halbes Jahr nach unserem Kennenlernen ist Lena als Einzige bereit, mit mir an Ostern in die Kirche zu gehen. Und so stehen wir da, zu zweit. Vor dem Altar. Unter dem eisernen Blick der Chefin der Aufsichtsabteilung, die in die Kirche gekommen ist, um zu beobachten, wie ich meine Osternacht verbringe. Alle anderen wollen in dieser Nacht lieber nicht in meiner Nähe sein: Es ist die Zeit, in der die Lagerverwaltung schamlos mit Schikanen und Hetze auf mich losgeht.
»Weißt du, weswegen sie sitzt?«, fragt man mich über Lena, als sie nicht dabei ist.
»Weswegen denn?«
»Sie hat *während ihres Orgasmus* ihren Mann erstochen.«
»Schön.«
Lena enttäuscht mich nie.

Solche Sachen. Solche Freunde. Solche Verbrechen.

31.

Wenn die russisch-orthodoxe Kirche Queer-Theologie zulassen würde, wären Moskaus Straßen sauber, die Luft in Russland frühlingshaft weich und frei, der Bürgermeister von Nowosibirsk würde mit dem Fahrrad zur Arbeit fahren und unterwegs in seinem Korb eine Tüte Müll zur Recyclingstation bringen. Die Kinder würden auf neuen Bauspielplätzen freudig kreischen, und Russlands Katzen wären die glänzendsten und schnurrendsten Katzen auf der ganzen Welt.
Herr, mach, dass die russisch-orthodoxe Kirche Queer-Theologie zulässt!

Slata ist es nach acht Jahren leid, ein Junge zu sein. Ihr bleibt weniger als ein Jahr. Und sie hat mit der Vorbereitung auf ihre Entlassung begonnen: mit der Rückverwandlung in ein Mädchen. Dick und eifrig tuscht sie sich jetzt die Wimpern. Bei ihren langen Wimpern steht ihr das.
Slata und ich tragen zusammen in einer Zeltplane Sand: von einem Ende des Lagers zum anderen. Alle tausend Insassen der Zone tragen mit. Kollektive Hauswirtschaft. Slata im kurzen karierten Kittel, ich im bis zur Unanständigkeit hochgekrempelten Minirock.
»Was steht ihr Nutten da und glotzt! Stimmt, eure Beine kacken ganz schön ab gegen Tolokonnikowas!« Slata rackert sich mit der Zeltplane ab. »Und bei mir, was gibt's da zu gaffen? Ja, fick dich ins Maul, ich hab da unterm Kittel« – sie deutet mit dem Finger zwischen ihre Beine – »keinen Schwanz, sondern 'ne Fotze, könnt ihr euch das vorstellen, ihr kleinen verfickten Schwanzgeier?« Dabei lacht sie schallend.

32.

»Es gibt weder ein männliches noch ein weibliches Geschlecht: denn ihr alle seid eins in Jesus Christus«, schreibt der Apostel Paulus in seinem Brief an die Galater.

Schenke der alten apostolischen Offenbarung Gehör.

Ich habe ein *Afischa*-Magazin aufgetrieben. Freunde haben es mir ins Lager geschickt. Die anderen Mädchen haben gesagt, dass es in dem Heft nur zwei schmucke Typen gibt: den Oppositionspolitiker Alexej Nawalny und die Journalistin Masha Gessen, Autorin des Pussy-Riot-Buches *Words Will Break Cement*.

»Ist das 'n Kerl oder 'ne Frau?«, fragt mich die Älteste über Mascha Gessen.
»'ne Frau«, antworte ich.
»Nicht schlecht.«
»Ich richt's ihr aus.«

2
WIE MAN SEINE JUGEND RICHTIG VERSCHWENDET

33.

Gründe an deinem Siebzehnten eine Gang. Eine Gang, die politische Kunstaktionen auf die Beine stellt.

Mit der Erschließung öffentlicher Räume und politischem Aktionismus hatten wir schon im fernen Jahr 2007 angefangen, als wir alle lächerliche siebzehn oder achtzehn waren. Pussy Riot wurde im Oktober 2011 gegründet, doch schon die fünf Jahre davor waren geprägt von der Suche nach Ausdrucksmöglichkeiten im Bereich der Aktionskunst. Fünf Jahre harte Schule darin, wie man Bullen abhängt, Kunst ohne Geld macht und gnadenlos mutig ist.

Ich habe die Aktionskunst nicht gesucht – sie hat mich gefunden. Eine andere Option hat es für mich nie gegeben: Ereignisse, Situationen, Gedanken, Begegnungen, Bücher, Menschen – alles lief auf Aktionskunst hinaus.

34.

Im ganzen Land, für jeden Einzelnen.

In unserer ersten Künstlergruppe Woina (Krieg) waren wir uns dermaßen nahe, dass wir uns manchmal gegenseitig verkloppen wollten, und dann wieder – umarmen und weinen. Aber

mehr als alles andere wollten wir, dass Putin sich aus Russland verpisst.
Petja Wersilow lief durch Moskau und skandierte ein Gedicht von Alexander Brener:

> Ich will süßen Chalwa essen
> Und mich auf das Putchen setzen.

Wir schauten uns um und sahen nirgends die Bereitschaft zu Opfer, zu Demut, zu Aggressivität und Konfrontation – zu dieser ganzen Verschmelzung extremer und einander unähnlicher Zustände, ohne die sich das menschliche Wesen nur wenig von einem Bandwurm unterscheidet. Wir betrachteten die Kunstwelt um uns herum, in der ich Wahn und Suche nach dem Absoluten hatte entdecken wollen; stattdessen fanden wir Hunderte von Menschen, die ein bequemes Leben führten und nichts konnten, außer die Rolle der Boheme zu spielen, die sie in Wirklichkeit gar nicht waren (zumindest wenn man die Echtheit der Boheme am Grad innerer Zerrissenheit und Überspanntheit misst, an der Schärfe, mit der sie die Realität wahrnimmt).
Den Wahn im Alkohol zu finden, wie das unter Künstlern weit verbreitet ist, war keine Option. Die Epoche von Präsident Jelzin, einem Trinker, der vor Hunderten Fernsehkameras im Suff ein Orchester dirigierte, war vorbei. Im Jahr 2000 wurde die russische Welt zur Welt des Geheimdienstlers Putin, eines nüchternen, wachsamen, rachsüchtigen Mannes, der Sport treibt und auf seine Gesundheit achtet. Und wenn du Politkünstler sein willst – dann geh mit der Zeit. Also wurde die Aktionskunst unsere Droge.

35.
Philosophen sollen die Welt nicht beschreiben, sondern verändern? Dann sei Philosoph.

Im Winter 2006, als ich gerade von Sibirien nach Moskau gezogen war, kam einmal ein schmieriger Typ mit Brille und Lederjacke auf meine Freundin und mich zu.
»Wollen Sie nicht in einem Werbespot für Diesel mitmachen? Ich mein es ernst. Hier, meine Karte«, sagte der Schmierlappen zu mir.
Ich wandte mich ab. Dann sprach er meine Freundin an:
»Können Sie ihr ausrichten«, er nickte in meine Richtung, ich stand genervt daneben, »dass ich nichts von ihr will? Sie passt einfach wirklich zu Diesel. Sie ist, na ja, vielleicht nicht wunderschön, aber interessant eben. Nehmen Sie meine Karte. Sie kann ja anrufen, wenn sie es sich anders überlegt.«
Natürlich habe ich nie angerufen. Auch heute noch, fast zehn Jahre später, kommen zähe, beharrliche Frauen in Cannes auf mich zu und wollen mich überzeugen, dass das einzig Richtige für mich derzeit eine Burberry-Reklame sei. Ich bekomme Post von Pantene Pro-V mit einem Vertragsangebot, damit sie meine Visage in einer Werbekampagne zeigen dürfen.
Dreimal dürft ihr raten, was ich denen antworte, höhö.

36.
Nonstop feminist.

Alles begann damit, dass ich am 7. November geboren wurde. Am Tag der Revolution. Der Oktoberrevolution 1917. Zu Zeiten

der Sowjetunion wurde mein Geburtstag mit Paraden und Demonstrationen gefeiert.
Bis zu meinem zwölften Geburtstag war der Tag der Revolution ein Feiertag. Ich musste an meinem Geburtstag nicht zur Schule, und das war echt cool. Aber im Jahr 2000 wurde Wladimir Putin Präsident, und 2004 wurde der 7. November abgeschafft. Das war das Erste, was ich Putin übelnahm. Er hat meinen Geburtstag abgeschafft, weil er nicht einmal die Erwähnung von Worten wie *Revolution* erträgt. Das Wort *Riot* gefällt ihm auch nicht. Deshalb ließ er uns einsperren.

37.

Mit Geschick, Selbstbeherrschung und Charme erreichen Superhelden etwas, das man für Geld nicht kaufen kann. Deswegen sind sie cool. Irdische Gesetze lehren uns, dass Millionen und Macht untrennbar verbunden sind. Bei Jesus, Evelyne Salt, Nausicaä aus dem Tal der Winde und Spiderman ist das völlig anders. Deswegen lieben wir sie. Und selbst wenn sie mal Geld brauchen, treiben sie es auf. Oder, wenn's sein muss, machen sie Wasser zu Wein.

Mach Wasser zu Wein. Sei ein Superheld.

Aktion der Künstlergruppe Woina *Sturm aufs Weiße Haus*
Datum: 7. November 2008
Ort: Regierungsgebäude der Russischen Föderation
Größe des Totenkopfs auf dem Weißen Haus: 60 x 40 Meter

Washington hat ein Weißes Haus, und wir haben auch eines – ein eigenes, russisches. Es steht am Ufer der Moskwa. 2008 war das Gebäude der Regierungssitz Putins, damals Premierminister der Russischen Föderation. Wir setzten uns ein Ziel: Am Tag der Revolution, dem 7. November, würden wir mit einer Laserkanone einen riesigen, 60 x 40 m großen Totenkopf auf das Weiße Haus projizieren und dann mit einem Sturmkommando über den sechs Meter hohen Zaun klettern, der das Weiße Haus abriegelt.

Wir lernten, wie man auf der Flucht vor der Polizei in drei Sekunden unter einem Auto verschwindet. Wir konnten mit Anlauf in Müllcontainer springen und uns im Handumdrehen mit Müll zuschaufeln. Wir waren darauf gefasst, dass wir oben auf dem Regierungszaun, in sechs Meter Höhe, einen Starkstromschlag verpasst bekommen würden.

Ungefähr acht Stunden vor dem Einsatz wurde klar, dass unsere Mitstreiter die Hosen voll hatten. Der eine hatte Durchfall, die andere ihre Tage. Wieder einer wurde besoffen aufgefunden. Anstelle der Schisser mussten neue Teilnehmer her. Wir bildeten Grüppchen und durchstreiften die Stadt.

Ich knöpfte mir die Studenten der Hochschule für Zeitgenössische Kunst vor, in der Rodtschenko-Schule für Fotografie und Multimedia. Dort war ich zum ersten Mal. Ich ging zu einer Gruppe Studenten, die auf der Treppe ihren Tee schlürften.

»Wer will heute mit uns das Weiße Haus stürmen?«

»Was muss man denn da machen?«

»Wir gehen zum Weißen Haus, strahlen es mit einem Totenkopf an und klettern dann über den Zaun aufs Gelände.«

»Ist das von der Verwaltung genehmigt?«, fragte mich eine der Studentinnen.

»Natürlich NICHT. Das ist doch der Sinn der Sache.«

Die Studenten sagten nichts und schlürften weiter ihren Tee. Ich warf mir den Mantel über und ging Richtung Ausgang.

»Ich komm mit. Wann und wo treffen wir uns?«, kam mir

plötzlich einer von ihnen hinterher. Mit dem federnden Gang eines Raubtiers, der für körperlich fitte Menschen mit Durchhaltevermögen typisch ist.

»Du kannst gleich mitkommen.«

Wir verließen zusammen die Rodtschenko-Schule. Seit an Seit mit Roma fuhr ich zum Weißen Haus – und der bekam von uns noch am selben Abend einen neuen Namen: Stürmer. Er war einer der drei, die es in dieser Nacht über den Sechs-Meter-Zaun schafften und sich nach einem Sprint über das Regierungsgelände erfolgreich in den Moskauer Hinterhöfen in Luft auflösten.

Um vier Uhr nachts, vom Dach des Hotels Ukraina über die Moskwa hinweg, die das Weiße Haus vom Ukraina trennt, ergossen sich auf die dunkle Leinwand des Regierungsgebäudes grüne Strahlen in Form eines Totenkopfs. Ein Sturmkommando rannte durch den Vorgarten der Regierung und verschwand dann wieder, nach einem Sprung aus sechs Metern Höhe.

Einige Minuten später tauchten stämmige Regierungswachen auf, die die gesamte Umgebung mit Fernstrahlern durchkämmten. Dutzende Lichtsäulen schwirrten nervös um das Haus.

38.

Deine Handlungen können zum Vorbild für andere werden. Das ist es, worüber Kant in seiner *Kritik der reinen Vernunft* geschrieben hat, genau das bezeichnete er als den »kategorischen Imperativ«.

Tue das Unmögliche.

»Mit vier Jahren, ich weiß nicht mehr, bei welchem Anlass, sagte Nadja einmal vollkommen klar, streng und überzeugt: ›Papa! Du darfst mich nie zu etwas zwingen.‹ Ich begriff sofort: Das war eine Unabhängigkeitserklärung. Und ich habe sie nie zu irgendetwas gezwungen. Ich motivierte sie immer nur. Ging von einer inneren Bereitschaft zu bestimmten Dingen aus, nährte sie von innen heraus, wie die Blüte einer Herbstzeitlosen. Ich sah sie nur den Sommer über. Und wässerte sie in diesen Monaten, damit sie im Herbst erblühte.«
(mein Vater Andrej Tolokonnikow)

39.

Ein vierjähriger Junge wacht auf mit den Worten: »Ich bin ein Kerl.« Er läuft den ganzen Morgen herum und wiederholt: Ich bin ein Kerl, ich bin ein Kerl … Dann stößt er mit dem Kopf gegen eine metallene Türklinke und sagt schluchzend zu seiner Mama: »Nein, ich bin kein Kerl, ich bin ein kleines Kätzchen.«

Gender-Normen wirken selbst auf Kinder irritierend – umso mehr sollten sie dich irritieren.

»Ich seh doch aus wie ein plumpes Dorfweib, oder? Stimmt doch, oder?«, nerve ich einen Klassenkameraden und lache mit bassiger Stimme. Ich bin vierzehn.
Ich wusste, dass die Art Verhalten, die mir gefiel, weit von dem entfernt war, was als »weiblich« galt. Ich bemühte mich, hohe Absätze zu tragen, ein halbes Jahr lang bemühte ich mich, aber sie schliffen unweigerlich bis zur Hälfte schief ab und brachen dann weg. Ich konnte nicht still auf einem Fleck sitzen und mir fließende Bewegungen antrainieren, wie es sich für ein Mäd-

chen gehört. Ich sang lauthals im Schulkorridor und watschelte wie eine Ente.
Ganz ehrlich, ich verstand nicht, warum zum Kuckuck ich mich dem Verhalten, das von einem Mädchen erwartet wird, anpassen sollte. Ich sah nicht, welchen Vorteil mir das bringen würde – und wenn es keinen gab, warum sollte man sich dann zwingen? Es war doch offensichtlich furchtbar langweilig, auf hohen Hacken und mit wippendem Handtäschchen gemessen dahinzuschreiten.

40.

Every kiss begins with Riot.

Mit siebzehn war ich alleine unterwegs in Spanien. Per Anhalter, mit Schlafsack auf dem Rücken – so bereiste ich im Uhrzeigersinn die gesamte Halbinsel, besuchte das an ein Aladin-Märchen erinnernde Alhambra, das verregnete Bilbao mit seinem berühmten Museum für Moderne Kunst und Portugal mit seinem Käse, seinen Bergen, seinen Hippies und Sozialisten.
»Was wird wohl passieren, wenn es in Europa kein Öl mehr gibt?«, fragte einmal verträumt eine Reisebekanntschaft. »Es wird große politische Umbrüche geben. Hoffentlich erlebe ich das noch«, beantwortete er seine Frage selbst. Ich weiß nicht mehr, wie er hieß und ob wir länger als eine halbe Stunde miteinander verbracht haben, aber diese Frage ist zu meiner eigenen geworden.
Die einen blickten entsetzt auf die einsam über die Landstraße marschierende junge Frau, andere wollten mich heiraten, und in Spanien lebende Venezolaner luden mich zum guten fisch-

reichen Abendessen mit der ganzen Familie ein. Ich ging in der Augusthitze meines Weges und las leise einen Vortrag über Platon auf Englisch vor mich hin. Schlief in Apfelsinengärten, zwischen Korkbäumen, bei Regen unter Sträuchern, in den Bergen an den Ausläufern einer alten portugiesischen Festungsstadt.

41.

Jährlich kommen in Russland 14 000 Frauen durch häusliche Gewalt ums Leben. Weil sie die Schläge nicht mehr ertragen, ermorden dafür jährlich 3000 Frauen ihre Peiniger.

It is time to be a real bitch.

Ich bewundere Männer, die hohe Absätze tragen. Obwohl keine Tradition sie dazu verpflichtet, tragen sie Absätze. Sie sind meine Helden. Ich mag die Vorstellung, dass sie es zu Ehren all der unterdrückten Frauen in unserer Geschichte tun. Jungs, ich liebe euch wirklich!

42.

In den Nachkriegsjahren war in Deutschland der Grad des gegenseitigen Vertrauens auf einem Rekordtief angelangt: Die Frage, ob man anderen Menschen vertrauen könne, beantworteten über 90 Prozent mit »nein«. Dreizehn Jahre Naziregime, Kriegszerstörung, schwere Nachkriegsdepression. Ende der 1950er Jahre fiel die Antwort bereits bei über der Hälfte der Befragten positiv aus.
Das derzeitige Russland ist dem Nachkriegsdeutschland erstaunlich ähnlich: 88 Prozent aller Menschen sagen, dass man

anderen nicht vertrauen könne. Ende der 1980er Jahre war das anders: 74 Prozent der Menschen schenkten anderen Vertrauen.

Dictatorship kills.

Aktion der Künstlergruppe Woina für ein Verbot des faschistischen Restaurants *Opritschnik*
Datum: Dezember 2008
Ort: Das Restaurant *Opritschnik* des proputinistischen ultrakonservativen rechtsradikalen Journalisten Michail Leontjew

In Moskau hat das Restaurant *Opritschnik* eröffnet. Wir haben uns sofort ein Ziel gesetzt: seine Schließung. Der Eingang soll mit einem Stahlblech zugeschweißt werden. Warum?
Zar Iwan der Schreckliche führte im 16. Jahrhundert seine politische Arbeit im Russischen Reich mittels der Opritschnina aus, das heißt: Er hieb, stach, henkte, verbrühte mit kochendem Wasser. Glühende Pfannen, Öfen, Zangen, den Körper zerreibende Stricke. Das nannte man Opritschnina. Einem Restaurant in Moskau den Namen *Opritschnik* zu geben ist in etwa das Gleiche, wie in Deutschland einen Nachtclub *Auschwitz* zu nennen.
Das Türschweißtraining fand in den mit Panzern vollgestopften Hinterhöfen des Park Pobedy statt. Eine Handvoll Leute übte mitten im frostigen Dezember-Moskau zwischen Garagen und Schneebergen Tag für Tag, wie man Metall schweißt. Um dann kurz vor Silvester zum *Opritschnik* zu gehen und seine Tür verdammt noch mal fest zu verschweißen.

43.
Valie Export stürmte 1971 ein Kino in München – mit Maschinengewehr bewaffnet und in einer Hose, die durch eine dreieckige Öffnung ihre Muschi entblößte.

Stürme! Schäme dich nicht für dich. Schäme dich nicht für deine Muschi.

Aktion der Künstlergruppe Woina *Knutsch die Bullen*
Datum: November 2010 bis Februar 2011
Ort: Moskauer Metro
Anzahl der Küsse: 35
Interessantes Detail: Lieblingsaktion von Quentin Tarantino und Spike Jones

An meinem 21. Geburtstag küsste ich zum ersten Mal eine Polizistin auf den Mund. Während der folgenden Monate knutschte ich mich gemeinsam mit meiner militant-feministischen Gruppe durch Dutzende von weiblichen Polizisten.
Diese Aktion war mir zunächst im Traum erschienen. Darin wurden Polizeibeamte von einem männlichen Aktivisten abgeküsst. Aber wie sich herausstellte, gibt es sehr viel mehr mutige Frauen als mutige Männer. Nicht ein männlicher Aktivist war der Aufgabe gewachsen – dafür erfüllten sechs Aktivistinnen Tag für Tag ihr Soll im Polizistinnen-Abknutschen.
Die Aktion mit dem Küssen ist maximal simpel: Ist nicht genau das die berüchtigte Nächstenliebe? Die Serie fand Ende 2010/ Anfang 2011 statt, zu einer Zeit, als jeder in Russland Polizisten hasste. 2010 hatte sich der Fall Major Jewsjukow ereignet: Der Leiter einer Bezirksdienststelle der Moskauer Polizei hatte in einem Supermarkt zwei Menschen erschossen und sieben wei-

tere verletzt. Es war damals eine beliebte Beschäftigung, Buch über polizeiliche Willkürakte zu führen: Fast täglich beging in irgendeiner russischen Region ein Polizist beim Erfüllen seiner Dienstpflicht ein Verbrechen. Es war sehr angesagt, Bullen zu hassen. Wir aber beschlossen, den Feind zu lieben.

44.

Smile if you are gay.

Nach einer Kuss-Attacke in der Metro wurde ich von der Frau Milizionärin zum Revier begleitet. Polizist Kostja, der dort herumsaß, wurde damit beauftragt, meine Orientierung zu korrigieren: Er fragte mich ununterbrochen, ob ich einen Freund hätte, wie ernst das mit uns sei und wo er arbeite.

Die diensthabende Metro-Aufseherin zwinkerte mir zu: »Unser Kostik ist ledig, nicht so wie Julka! Warum hast du Julka geküsst? Küss lieber Kostik! Wirst Polizisten-Gattin!«

Einen Menschen zu küssen, egal welchen Geschlechts, hat nichts Ekelhaftes – versucht es und seht selbst. Die lebenslange Festlegung der sexuellen Orientierung ist völliger Schwachsinn. Während der *Knutsch die Bullen*-Sessions waren junge Frauen in Uniform meine sexuelle Orientierung. Viele von ihnen waren wirklich sehr sexy. Das Geschlecht ist für mich nicht ausschlaggebend. Wer mir gefällt, ist automatisch meine Orientierung. Nicht umgekehrt.

45.

Jemand, der als »abnormal«, »seltsam« oder »randgruppenzugehörig« gebrandmarkt ist, erhält vom Leben eine unbezahlbare Lektion: Er lernt, die Norm ironisch zu betrachten. Er wird sich bewusst, dass die Norm unendlich flexibel ist, und verfügt über etwas, das dem weißen heterosexuellen Mann oft fehlt: einen kreativen Umgang mit dem sozialen Regelwerk.

Stay queer.

Das Gesicht eines Polizisten ist genauso öffentliches Territorium wie sein/ihr Schlagstock und die Handschellen oder eure persönlichen Gegenstände, die er/sie illegal durchsucht. Das Gesicht des Polizisten ist, solange er Uniform und Dienstausweis trägt, nichts als ein Instrument zur Kommunikation mit dem Bürger. Indem er es einsetzt, kann er euch nach euren Papierchen fragen und aufs Revier bitten. Auf diese Aufforderungen gibt es nur eine mögliche Antwort: »Ja, Herr/Frau Polizist/in, ich folge und gehorche.« Wir schlagen einen neuen Weg der Kommunikation mit diesem Instrument vor, wir bringen Methodenvielfalt in den Dialog zwischen Bürger und Polizei.

46.

Ich schlafe mit Russland. Meiner Frau.

»Nadjas Vorfahren kamen Anfang des 20. Jahrhunderts im Zuge der Stolypin'schen Agrarreform nach Sibirien. In Waggons voller Hühner, Schafe, Schweine, Kühe und Pflanzensaat verließen sie Belarus und stiegen in der Nähe von Kansk im Gouvernement Krasnojarsk, Sibirien, aus. Dort gründeten sie das Dorf Nowoslobodoka. Nadjas Vorfahren seitens ihres Großvaters

Stepan Tolokonnikow waren die Nachkommen von Polen, die man wegen übermäßigem Revolutionismus nach Sibirien an die Angara deportiert hatte. Und so ähnelt unser Leben einem Zusammenprall von polnischem und belarussischem Blut mit der sibirischen Natur. Rebellische Nervosität, eine nicht endende Revolutionsetüde von Chopin. Gleichzeitig der Hang zum Romantischen, Sublimen, zu schönen Ritualen, Müßiggang und Schwelgerei, zu Launen, Pathos, Theatralik. Und auf der anderen Seite sibirische Gründlichkeit und ausgeprägter Starrsinn.«
(mein Vater Andrej Tolokonnikow)

47.
Take a break: have a Pussy Riot.

Die Aktivisten benahmen sich für Moskauer Verhältnisse sehr ungewöhnlich. Sie strebten nicht nach Geld und Komfort. Wenn sie ein Café aufsuchten, dann eines, in dem sie ihre Aktionen diskutieren und planen konnten, ohne etwas zu bestellen. Wenn sie Hunger hatten, brachen sie sich ein Stück Weißbrot ab. Ihre Zeit und ihr Bewusstsein, das alles in ihrer Umgebung wahrnehmen und transformieren wollte, waren ihnen zu schade, um sie mit der Jagd nach irdischen Gütern und profanem Komfort zu verschwenden.
Sie arbeiteten viel, konzentriert und leidenschaftlich. Auch, dass ihre Tätigkeit sie ins Gefängnis bringen könnte, hielt sie nicht ab.

48.
Pussy Riot ist wie Sex. Ohne Phantasie betrachtet, wirken beide wie gehirnamputierte Bewegungen.
Alle Macht der Phantasie!

Es gibt Aktionen, die umgesetzt wurden, und solche, die es am Ende nicht geschafft haben. Sie kommen in Träumen zu dir und zwingen dich – wie die Möhre vor der Nase eines Kaninchens – zum Weitermachen.
Kreml-Ufer. Es ist Nacht. Sechs riesige Feuer, 15 Meter hoch und 4 Meter breit, lodern entlang der Roten Mauer. Hexen und Hexer tanzen im Reigen um die Feuer, singen alte russische Revolutionslieder. »He, Knüppelchen, hau ruck!«, wird im Reigen angestimmt. 30. April, Walpurgisnacht, Hexensabbat auf dem Kahlen Berg. Wir feiern das Frühlingsfest.
Es war 2011, das Jahr des Arabischen Frühlings. Der Arabische Frühling war noch lebendig und nicht degeneriert. Und auch wir feierten unseren Frühling – den Russischen Frühling.
2014 wurde das Auftreten der russischen Armee in der Ukraine als »Russischer Frühling« bezeichnet. 2011 dachten wir noch, wir könnten die Bezeichnung »Russischer Frühling« für uns vereinnahmen.
Aber sie ließen uns den Russischen Frühling nicht. In der Aktionsnacht, als wir in einem Lkw mit Brennstoff für sechs riesige Lagerfeuer zum Ort des Geschehens kamen, patrouillierten entlang der Kreml-Mauern bereits Vertreter von gleich vier verschiedenen Sicherheitsorganen: normale Polizisten, das *Zentrum E* (politische Miliz), OMON und FSB.
Bis zum Morgen spazierte ich mit meinem Vater um den Kreml. Ein Monat kräftezehrende akribische Proben vor und zwei Wochen Depression nach dieser nicht geglückten Aktion.

Lass dich trotzdem von deinen tollkühnen unverwirklichten Träumen leiten, genau wie das Kaninchen von der Möhre.

49.

Liefere dich dem Staat nicht völlig aus: Statt für die Schule zu pauken, nimm lieber ein Buch, das dich wirklich interessiert, und lies es. Das rate ich dir als elende Streberin, die zehn Schuljahre auf die Jagd nach guten Noten verschwendet hat.

Für Selbstbestimmtheit und Eigeninitiative im Bildungswesen würde ich mich ans Kreuz nageln lassen.

Seid ihr mal auf der Krim gewesen, bevor sie 2014 russländisch wurde? Ich schon.
Auf meiner Krim wurde gekämpft, schon lange bevor die russischen Truppen einmarschierten. Meine Krim war erbarmungslos und zermürbend, aber gleichzeitig lebendig.
Meine Krim ereignete sich 2009, als wir uns in einen winzigen Urlaubsort im Süden der Halbinsel aufmachten. Nicht um zu baden und in der Sonne zu liegen, sondern um Verteidigungsgriffe gegen Bullen und Nazis zu trainieren, ihre Hiebe abzuwehren und, wenn's sein muss, wegzurennen.
Unsere Professoren waren Leute aus der ukrainischen organisierten Kriminalität, die sich aus ihrer Tätigkeit zurückgezogen hatten. Na ja, nehmen wir mal an, sie hatten sich zurückgezogen. Einmal nachts auf der Krim erschien mir Gott und gab zu, dass selbst Er das nicht so genau wüsste. So geschickt, wie unsere Lehrmeister ihre Spuren verwischten und allzu neugierige Bürger an der Nase herumführten, neue Handys kauften und mit nagelneuen SIM-Karten bestückten, die Grenze ohne

Papiere überquerten und es allein gegen drei aufnahmen. Ihre Arbeit erledigten sie schnell und sauber, ihr Abgang war meisterhaft.

50.

I lost weight with Pussy Riot! It makes you feel like Pussy Riot again.

Ich schleppe eine Packung Reis und Käse aus dem Supermarkt: Dem Supermarkt ist es egal, aber für mich ist der Nutzen gewaltig.

Juli. Krim, sengende Mittagshitze. Unser sechsköpfiges Künstlerkollektiv steht nach einer anstrengenden morgendlichen Trainingseinheit an der Schnellstraße und hält die Daumen raus – wir fahren nach Simferopol. Jeder von uns hat einen großen Rucksack auf dem Rücken: Auf dem Hinweg ist er leer, auf dem Rückweg randvoll mit Reis, Buchweizen, Fleisch, Fisch, Bohnen, Schokolade und Konserven mit Zucchinipüree. Wir haben einen halben Tag, um mindestens fünf Supermärkte in Simferopol abzuklappern, große und kleine, bewachte und weniger gefährliche.

Die aus Simferopol mitgebrachten Lebensmittel werde ich so einteilen, dass sie bis zum nächsten Ausflug reichen. In Nikolajewka bekommt man nämlich nirgends was. Supermärkte gibt es hier nicht. Ein Abenteuer der besonderen Art ist es allerdings, auf dem hiesigen Markt zu klauen: Mal lässt du eine Wassermelone mitgehen, mal Weintrauben, mal Eis. Aber das ist, wie Mütter gerne sagen, kein Essen, sondern Spaß.

51.

Shoplift and eat fresh!

Im Supermarkt arbeitet man am besten im Zweierteam: Legt die Sachen in den Einkaufswagen, sucht eine geschützte Ecke, packt alles in eine Tasche. (Kompakte und teure Lebensmittel – Fleisch, Käse – lassen sich gut am Rücken oder Bauch unter einen Gürtel klemmen.) Nehmt ein Weißbrot oder Haferflocken aus dem Regal und geht zur Kasse. Bezahlt das Brot oder die Haferflocken.
Sobald du aus dem Supermarkt raus- und hinter der nächsten Ecke verschwunden bist, packst du die erbeuteten Lebensmittel in deinen Rucksack: Die Umhängetasche fürs Diebesgut muss für den nächsten Einsatz bereit sein. Mach sie immer leer – gehe niemals in einen Supermarkt mit Sachen, die du in einem anderen hast mitgehen lassen. Wenn sie dich erwischen und knebeln, wird alles als Diebesgut notiert, auch das, was du schon bei dir hattest.

52.

Things happen after a good rebellion.

Glatze hat sechs Übungsmesser aus Holz für uns geschnitzt. Glatze veranstaltet Abwehrtrainings gegen Nazis, die in dein Treppenhaus kommen, um dich ein wenig mit einer Klinge zu kitzeln. Er lehrt den sicheren Umgang mit dem dritten Newton'schen Gesetz. Die Stoßkraft des Angreifers umwandeln. In Sekundenschnelle das Messer in der Hosentasche aufklappen. Ablenkungsmanöver starten. Die Klinge ablenken, die

in der geballten Faust auf dich zurast. Dabei den Gegner elegant ausschalten, ohne ihn umzubringen.
Nachts träume ich, wie mich jemand mit einem Messer absticht. Es tut nicht weh, ich wundere mich, wie leicht das Sterben ist. Du erlischst einfach langsam.

53.

Dostojewski über die Hinrichtung: Da stehst du, in der Minute vor deinem Tod, und gibst dir selbst das Versprechen, im Falle einer wundersamen Rettung jede einzelne Sekunde des dir geschenkten Lebens wertzuschätzen. Und dann wirst du plötzlich begnadigt, du bist gerettet – und wieder vergeigst du's Tag um Tag, Tag um Tag.

Vergeig's nicht. Versuche, es nicht zu vergeigen.

Adolfytsch hat klappbare Kampfmesser verteilt und uns aufgetragen, damit zu trainieren, aber nur im Keller. Ohne Sondergenehmigung darf man diese Messer nicht mit sich rumtragen: Die Klinge hat über neun Zentimeter. Für den Staat sind das kalte Waffen, deshalb werden sie registriert. Man muss damit aufpassen, darf mit dem glänzenden Stahl nicht vor der Nase der Urlauber herumwedeln – die Urlauber könnten dich verpfeifen. An die Bullen.
Mit dem Holzmesser kannst du deinen Trainingspartner schon mal kitzeln, aber machst du's mit 'nem echten, dann ist dein Partner im Arsch. Also ziehen wir uns Rohre aus fester Pappe über die Arme – dann zerfetzt das Messer nicht dich, sondern dieses Rohr. Nach 15 Minuten Training hat sich das Rohr in Mulm verwandelt, und du gehst Nachschub holen.

»Hey, bist du okay? Kannst du die Hand bewegen?«
»Weiß nicht.«
Blut. Katja packt sich an die Hand, aus der Handfläche fließt Blut. »Genug trainiert«, sie lächelt mir zu. Katja hält sich tapfer, obwohl sie verletzt ist: Das Messer ist mir abgerutscht und hat ihr die Handfläche aufgeschlitzt. Wenigstens nicht ganz durch. Katja und ich haben diesmal alleine gearbeitet, die anderen sind ausgeflogen, aber uns hat die kalte Waffe gelockt, also sind wir in den Keller. Jetzt schauen wir zu, wie das Blut aus Katjas Hand fließt, und fragen uns, was wir tun sollen.
»Wir brauchen einen Verbandskasten.«
»Gibt's denn einen?«
»Nee.«
»Scheiße.«
Eine Minute lang starren wir beide zu Boden und denken dasselbe.
»Wir müssen zu Adolfytsch, beichten. Er ist der Einzige, der irgendwo Verbandszeug hat.«
»Meinst du, er nimmt uns die Messer weg?«
»Wer weiß.«
»Wär ärgerlich.«
Er nahm sie uns nicht ab, obwohl er ziemlich angepisst war. Nach einem halben Jahr war Katjas Hand wiederhergestellt.

3
HOW TO START A PUSSY RIOT

54.

»Seit der Bekanntschaft mit Tolokonnikowa habe sich seine Tochter Katja stark verändert. Manchmal sei sie ihm fast wie ein Zombie vorgekommen, als wäre sie Mitglied in irgendeinem fanatischen Kreis: Habe von Logik und Vernunft nichts mehr hören wollen, in ihrer eigenen irrealen Welt gelebt, dumme, undurchdachte Sachen gemacht, die ein vernünftiger Mensch nie tun würde. Dabei sei er fast zu 100 Prozent überzeugt, dass seine Tochter keine Drogen genommen habe.«
(Auszug aus der Aussage des Vaters von Katja Samuzewitsch, angeführt im Urteil gegen Pussy Riot)

Feministischer Punk raubt dir den Verstand, doch es lohnt sich – wehre dich nicht dagegen.

Katja Samuzewitsch und ich wurden gebeten, einen Vortrag zu halten. Es war Oktober 2011. Wir legten das Thema fest: *Punk-Feminismus in Russland.*
Mit der Vorbereitung begannen wir am Abend vor dem Auftritt. Und plötzlich stellten wir fest, dass es keinen russischen Punk-Feminismus gibt. Feminismus gibt es, Punk gibt es. Punk-Feminismus gibt es nicht.
Bis zum Vortrag blieben uns weniger als 24 Stunden. Und nur ein Ausweg: den Punk-Feminismus zu erfinden, damit wir über etwas sprechen konnten.

»Töte den Sexisten« wurde unser erstes Lied.

Wir hatten kein einziges Musikinstrument. Wir sampelten ein paar Takte aus einem englischen Oi!-Punk-Song und loopten sie. Um die Stimmen aufzunehmen, schlossen wir uns mit einem Diktiergerät auf der Toilette ein. Aber Katjas Vater warf uns raus. Also gingen wir für die Aufnahmen in den Hof. Herbst, drei Uhr nachts. Regen. Wir fanden Unterschlupf in einem Spielplatz-Häuschen, in dem unsere Köpfe an die Decke stießen. Ein Stück weiter saßen auf einer Bank völlig zugedröhnte Typen.

»Dir sschhtinken die sscchhtinkenden Socken … Wir vergnüügen uns solang als Leesben …«, schallte es aus unserer Hütte.

»Ey Mädels, was habt ihr denn geraucht? Wir haben uns auch grad was reingezogen, aber uns hat das nicht so weggehaun wie euch.« Ein paar von den Typen steckten ihre Köpfe durch das Fenster. »Könnt ihr uns nicht was abgeben?«

»Lasst uns in Ruhe, wir arbeiten.«

55.

Sei einer von den Ruhelosen, die es nach Sturm verlangt (als ob in Stürmen Frieden wär) und die daran glauben, dass nur in der endlosen Suche Wahrheit steckt.

Wie viel kostet es, einen Pussy-Riot-Auftritt zu veranstalten?

Nichts.

Die Ausstattung – Mikrofon, Kabel, Verstärker, Gitarre: geborgt von befreundeten Punks.

Kleider, Strumpfhosen, Mützen: von befreundeten Mädels, die bunte Sachen mögen.

Kameras: Wir laden Foto- und Bildjournalisten aus dem Bekanntenkreis ein.

Montage des Clips: Wir saugen ein raubkopiertes Programm aus dem Netz und machen uns an die Arbeit.

Ausgaben für Lebensmittel: 1 Weißbrot und 1 Flasche Wasser. Diese Essensration sollte bei einem Konzert nie fehlen, für den Fall, dass man einen Tag auf dem Polizeirevier eingesperrt wird.

56.

»Die Gruppe *PR* macht oppositionelle Kunst bzw. Politik, die sich der Mittel der Kunst bedient. Das ist eine Form des zivilen Aktivismus unter Bedingungen der Unterdrückung von grundlegenden Menschenrechten sowie bürgerlichen und politischen Freiheiten durch ein korporatives Staatssystem.«

(aus meiner Schlusserklärung im Pussy-Riot-Prozess am 8. August 2012)

Wie man bei uns in Russland sagt: Man fickt uns – und wir werden stärker. Werde stärker!

Pussy Riot probte zunächst im Keller einer Moskauer Kirche. In diesem Keller fanden im Herbst 2011 gerade Bauarbeiten statt. Wir nahmen Lieder auf, und um uns liefen Bauarbeiter mit Presslufthämmern herum.

Die Zeit verging, der Kirchenkeller war fertig renoviert, die Eigentümer beschlossen, den Raum an ein Geschäft zu vermieten oder an eine Galerie, und wir standen auf der Straße. Wir gingen zum Proben in Fußgängerunterführungen, aus denen man uns ständig verjagte.

57.
Wir veranstalten unsere politischen Punk-Konzerte, weil im russischen Staatssystem eine derartige Starrheit, Abgeschlossenheit, ein derartiges Kastendenken herrscht und sich die aktuelle Politik dermaßen den engen korporativen Interessen einer Handvoll Staatsbeamter unterordnet, dass uns allein die russische Luft Schmerzen bereitet – als würde man uns die Haut abziehen.

Warte nicht, bis man dir die Haut abzieht.

Für einen Spottpreis erstanden wir Autolautsprecher mit ziemlich fettem Sound. Auf dem Markt fanden wir Aluminiumbeschläge und bauten daraus Boxen.
Die DIY-Boxen speisten wir aus Autobatterien. Einmal bemerkte ich unterwegs, dass auf meinem Rücken etwas feucht wurde. Und auf der Haut brannte. Wie sich herausstellte, tropfte es aus meinem Rucksack durch den gummierten Boden: Der war von der Säure der ausgelaufenen Batterie durchgefressen. Ich konnte nichts machen (man schmeißt ja keine Batterie weg!), lief einfach weiter und spürte, wie der Rucksack mir langsam in die Unterhose suppte.

58.
Die beste Zeit für Auftritte in öffentlichen Verkehrsmitteln sind die Stoßzeiten morgens und abends.

Wir proben die Nummern intensiv und lange – im Gegensatz zu Punk-Bands, die in Clubs auftreten, müssen wir ja nicht nur am musikalischen Teil feilen, sondern auch so schnell wie möglich die Ausrüstung aufbauen und danach wieder zusammenpacken. Bei den Proben singen wir nicht einfach nur, wir üben auch, wie man weitersingt und -spielt, wenn einen Wachleute oder Polizisten an den Füßen packen und wegschleifen wollen.

59.

Wo man auftreten kann:

- auf technischen Konstruktionen (Baugerüsten, Laternenpfählen, einem Dach – wie Jefferson Airplane 1968 in New York);
- in der Luft (in einem Ballon, an einem Seil, in einem Hubschrauber);
- im Feuer (Feuer speiend oder im Feuer tanzend);
- im Wasser (schwimmend, unter Wasser oder im Boot);
- in administrativen Gebäuden (Polizei- oder Regierungsgebäuden);
- mitten auf der Straße;
- in Militärstützpunkten (wie im Musical *Hair*);
- bei offiziellen Veranstaltungen;
- im Wald;
- auf der Wall Street.

Der harte Winter begann, und das Proben auf der Straße wurde unmöglich. Wir richteten uns in einer stillgelegten Reifenfabrik ein und waren in den Neujahrsferien jeden Tag dort – unser Arbeitsjahr begann am 1. Januar 2012, während das Land sich noch ausschlief und die Abgeordneten in Miami in der Sonne lagen. Die Wachleute am Eingang zur Reifenfabrik fragten uns immer wieder:

»Mädels, warum sitzt ihr denn nicht zu Hause?«

»Was sollen wir denn zu Hause sitzen?«, antwortete Garadscha verwundert.

»Na, Kuchen backen, Süppchen kochen.«

Nachdem sich die Wachleute als Antwort ein paarmal einen Vortrag über die komplette Geschichte der feministischen Bewegung hatten anhören müssen, zogen sie es vor, nicht mehr mit uns zu reden, und ließen uns schweigend durch. Das war genau, was wir wollten.

60.

Der städtische Raum wird als Ausstellungsort unterschätzt. Metro, Trolleybusse, Verkaufstresen, der Rote Platz: Niemand in Moskau hatte prächtigere, effektvollere Bühnen als wir. Die Architektur Moskaus ist genial.

Alles Geniale wurde schon vor dir erdacht – du brauchst nur noch die Hand auszustrecken und zuzugreifen. Erobere es!

Pussy Riots Debüt: Konzerttour zur Eroberung des öffentlichen Nahverkehrs *Leg das Pflaster frei!*

Datum: November 2011

Ort: Moskauer Metro, Trolleybusdächer

Metrostationen: Otradnoje, Schodnenskaja, Nachimowski Prospekt, Twerskaja, Tscherkisowskaja, Textilschtschiki, Borowizkaja

Lied: »Leg das Pflaster frei!« aus Pussy Riots Debütalbum *Töte den Sexisten*, gewidmet den Parlamentswahlen, enthält Aufrufe, nicht zur Wahl, sondern zu Protesten auf die Straße zu gehen.

Textauszug: »Dehn deine Muskeln an Armen und Beinen, der Bulle leckt dich zwischen den Beinen«

Gesetzlicher Status des Clips in der Russischen Föderation (RF): Auf Anordnung des Moskauer Bezirksgerichts Samoskworetschje vom 29. November 2012 zu extremistischem Material erklärt und der Zugang zum Video auf dem Territorium der RF verboten.

Wir starteten mit einer Tour im öffentlichen Nahverkehr Moskaus – mit Auftritten unter Bögen der sowjetischen Metro und auf Dächern von Trolleybussen. Wir kletterten mit unserer gesamten Ausrüstung – Gitarren, Mikrofonständern und Verstärkern – auf Gerüste, die zum Auswechseln von Glühbirnen mitten in der Metrostation aufgestellt waren. Wir packten die Sachen aus, stellten das Mikrofon auf, spannten unser Banner auf und eröffneten die Show – mit einer Handvoll ins Publikum geworfener Zitrusbonbons zu 100 Rubel das Kilo vom Wychinski-Markt am Moskauer Stadtrand.

Mitten im Lied schnitt Tjurja ein Kissen auf, und die Federn schwebten durch die Metrostation, immer wieder aufgewirbelt vom Luftstrom, der die Züge in die unterirdische Welt begleitete. Aus ihrer Unterhose (woher auch sonst, wenn man beim Auftritt schnell an etwas rankommen will, ohne im Rucksack herumzuwühlen) zog Tjurja ein riesiges Knallbonbon mit buntem Konfetti, ließ es knallen, und die verstörten Fahrgäste – die Handys auf *rec* gedrückt und auf uns gerichtet – waren plötzlich mit einer Schicht aus bunter Folie und Papier bedeckt.

Wenn man während eines Auftritts runterschaute, konnte man beobachten, wie aus allen Ecken der Station Polizisten auftauchten und zu dem Gerüst hinströmten, auf dem wir spielten. Und fast jeder Auftritt endete damit, dass wir nach unserem Abstieg vom Gerüst verhaftet wurden.

Auf dem Polizeirevier wirkten wir ziemlich merkwürdig. In grellen zerfetzten Strumpfhosen, weißen geschnürten Doc Martens, mit riesigen Wanderrucksäcken, aus denen Kabelknäuel guckten. Aus den Zimmern starrten uns sich im Revier langweilende Bullen an.

61.

»›Leg das Pflaster frei!‹ ist eine Anspielung auf die Losung vom Mai 1968 *Unter dem Pflaster liegt der Strand*«, erklärten wir den Mitarbeitern der Polizei.

Vergiss nie die Geschichte.

Leg das Pflaster frei!

In Schulklassen sperren sie mündige Wähler,
In stickigen Räumen verfaulen die Klos.
Dann stinkt's und es riecht nach strenger Kontrolle,
Die Böden sind gefegt, Stabilität ist erreicht.

Leg frei, leg frei, leg frei das Pflaster,
Leg frei, leg frei, leg frei das Pflaster.

Die Klos sind sauber, die Feiglinge in Zivil,
Žižeks Gespenster verschwinden im Klo.
Der Chimki-Wald ist gesäubert,
Tschirikowa bei Wahlen sabotiert,
Feministinnen werden in den Mutterschutz geschickt.

Leg frei, leg frei, leg frei das Pflaster,
Leg frei, leg frei, leg frei das Pflaster.

Zu spät ist es nie, Herrin zu werden,
Die Knüppel gezückt, die Schreie werden lauter.
Dehn deine Muskeln an Armen und Beinen,
Der Bulle leckt dich zwischen den Beinen.

Leg frei, leg frei, leg frei das Pflaster,
Leg frei, leg frei, leg frei das Pflaster.

Ägyptische Luft ist gut für die Lungen,
Mache den Roten Platz zum Tahrir.
Verbring einen wilden Tag mit starken Frauen,
Such eine Brechstange auf dem Balkon,
Leg frei das Pflaster!

Tahrir Tahrir Tahrir Bengasi,
Tahrir Tahrir Tahrir Tripolis.

Die feministische Peitsche tut Russland gut!

62.

Erzählt mir nicht, das Äußere habe weniger Bedeutung als das Innere. Es gibt nichts Äußeres, das weniger wichtig wäre als das Innere. Die Haut ist nicht weniger wichtig als der Darm.
Wisse dein Äußeres zu schätzen und gehe gut mit ihm um. Denn wenn du es dir einmal mit ihm verscherzt hast, bist du am Arsch.

Katja Samuzewitsch hat mal gesagt, dass ihr »bärtige Männlein« gefallen. Einmal jagte ein Orthodoxer mit Bart und Tarnanzug unsere Gay-Pride-Parade unter Einsatz von Fäusten auseinander. Katja hatte ein Auge auf ihn geworfen, sagte sie. Auf

den Bart. Wir und sein Bart verbrachten den ganzen Tag zusammen in einem Polizeiauto: Sowohl wir als auch der Bart wurden als Teilnehmer einer unerlaubten Versammlung ins Protokoll aufgenommen.
Die Situation ausnutzend, rückte mir ein OMON-Beamter in unserem Gefangenentransporter die ganze Zeit auf die Pelle. »Ey, diese Schwuchteln.« Er zeigte mit seinem Finger angewidert auf die mit uns in der Wanne sitzenden jungen Leute mit ihren LGBT-Fahnen. »Warum sich diese Schwuchteln da versammeln, versteh ich noch irgendwie. Aber du. Ein im Grunde ganz hübsches Mädel. Warum?« Mit Schmerz in seinen grauen Augen rückte er mir auf die Pelle, Schmerz ob seines von mir (einer mutmaßlichen Lesbe) abgewiesenen Penis.

63.

In Russland gibt es Aktionen gegen Oral- und Analsex. Die Protestierenden lassen verlauten, Sex, der nicht zur Fortpflanzung diene, sei genauso wie Onanie amoralisch. Auch der Verkauf von Vibratoren und Gleitmitteln für alternative Sexpraktiken gehöre verboten, denn er widerspreche der Bibel.

»Du sagst: ›Es gibt keine Hölle!‹ Wie kann das sein, wenn du doch in der Hölle lebst? Stell dich mal vor den Spiegel, schau dich an. Kann denn etwa eine Krone der Schöpfung, Gottes höchste Kreatur, so missmutig dreinschauen? Warum setzt dir alles so zu, wenn du doch so klug, so ganz und gar frei bist und alles weißt?
Warum, bitte schön, siehst du denn so unglücklich aus? Weil du in der Hölle bist, mein Söhnchen. In der Hölle. Du bist tot, kennst keine Freude, alles fällt dir schwer, ekelt dich an, alles quält

dich, die Leute nerven dich, die Fliegen, die Hitze nervt dich, der Regen, die Politiker nerven dich. Dich nerven Mama und Papa, Nachbarn, Putin und Medwedew, Barack Obama. Nichts erfreut dich. Sogar die Lerchen stören dich beim Schlafen. Warum? Ja weil du in der Hölle sitzt. Du musst nirgendwo mehr hin – ins Paradies, in die Hölle … Du, mein Lieber, sitzt schon lange in der Hölle, aus der es nur einen Ausweg gibt – zu Gott.«

(Erzpriester Dmitri Smirnow, populärer Sprecher der russisch-orthodoxen Kirche)

64.

Im Jahr 2015 wird in Moskau dafür gebetet, dass Russland die Wirtschaftskrise überwinden möge. Und ich denke: Könnt ihr vielleicht mal aufhören, Ideen von den dummen Pussy-Riot-Gören zu klauen? Die waren schließlich die Ersten mit einem politischen Gebet.

Antiglamouröse Konzerttour *Zum Arsch mit Sexisten, verfickten Konformisten*

Datum: November/Dezember 2011

Lied: »Wodka Kropotkin«, enthält Aufrufe zu einem Umsturz in Russland

Orte: Jaguar-Autodächer, Vordächer von Bars, teure Bekleidungs- und Pelzgeschäfte, Modenschauen und Empfänge

Textauszug: »Wodka Kropotkin plätschert in Bäuchen, / Dir geht es gut, doch die Scheißer im Kreml / Herrscht Aufstand auf'm Klo, tödliche Vergiftung.«

Detail: Wodka Kropotkin ist unsere Antwort auf den Molotow-Cocktail. Der Anarchist Kropotkin ist weitaus sympathischer als der Bolschewik Molotow, und Wodka gehört zu uns, ist ein originär russisches Getränk.

Gesetzlicher Status des Videos in der RF: Auf Anordnung des Moskauer Bezirksgerichts Samoskworetschje vom 29. November 2012 zu extremistischem Material erklärt und der Zugang zum Video auf dem Territorium der RF verboten.

Das Video zum Lied »Wodka Kropotkin« gehört zur zweiten Konzertserie der Gruppe Pussy Riot an illegalen Auftrittsorten in Moskau. Wir traten an Orten auf, an denen sich besonders viele Konformisten und reiche Putinisten tummeln: in Hauptstadtboutiquen, bei Modenschauen, auf Autos reicher Leute und auf Vordächern von Bars in Kreml-Nähe.

Während wir bei der letzten Konzertserie alte Federkissen aufgeschnitten hatten, wollten wir dieses Mal mit Mehl arbeiten. Die Idee war, bei den Aufführungen mit immer neuen Gegenständen aus dem Alltagsleben von Frauen zu experimentieren. Wir gingen mit Mehl im Gepäck zu einer Modenschau. Selbstverständlich illegal. Reinzukommen war ziemlich schwer. Es war eine geschlossene Veranstaltung, der Saal gefüllt mit Vertretern der konservativen proputinistischen kreativen Elite.

»We are from BBC radio station«, raunten wir auf Englisch dem Wachschutz zu und gingen mit angespanntem Blick in den Saal. Über den Laufsteg stolzierten dürre, langbeinige Mädchen in irgendwelchen Vorhängen, die um ihre wunderschönen Körper gewickelt waren.

Wir stiegen auf die Bühne und begannen mit der Aufführung. Die Models drängten sich in einer Ecke zusammen. Tjurja sang los. Garadscha griff sich eine Mehltüte und schleuderte den Inhalt in die Luft. Das Mehl flog als weißer Fächer über die Bühne. Plötzlich blitzte etwas auf, eine Salve entlud sich: Der Strauß Luftballons, mit denen Tjurja aufgetreten war, zerplatzte knat-

ternd, und wir waren umhüllt von einer Feuersäule. Die Sturmkappen begannen zu glimmen und zu qualmen. Es wurde heiß. Alles hinschmeißen und wegrennen ging nicht, noch einmal würde sich die Chance für einen Auftritt auf einer Modenschau nicht bieten.
Und erst später, als wir uns beeilten, zum nächsten Auftrittsort zu gelangen, wurde uns klar, dass das Feuer aufgrund der guten Brennbarkeit des Mehls ausgebrochen war. Der Rand des Laufstegs auf der Modenschau war mit Kerzen geschmückt gewesen – und als Garadscha begann, Mehl auszusäen, fing es in der Luft Feuer. Aber eigentlich war es uns gerade scheißegal, dass das Mehl angefangen hatte zu brennen, denn wir waren schon unterwegs zu weiteren Auftritten, zum nächsten Ort.

65.

Manche fragen, warum Pussy Riot während der Auftritte Masken tragen. Tja, vielleicht verstecken sie ja einfach ihre Pickel. Was auch immer dich im Leben beunruhigen mag – mit einer unkonventionellen Antwort bist du auf der Siegerseite.

Wodka Kropotkin

Besetz die Stadt mit 'ner Bratpfanne,
Geh raus mit 'nem Staubsauger, besorg dir 'nen Orgasmus,
Verführ Bataillone Polizisten-Mädchen,
Nackte Bullen erfreuen sich der Reform.

Zum Arsch mit Sexisten, verfickten Konformisten!

Wodka Kropotkin plätschert in Bäuchen,
Dir geht es gut, doch bei den Scheißern im Kreml

Herrscht Aufstand auf'm Klo, tödliche Vergiftung,
Da helfen keine Blaulichter, Kennedy empfängt euch.

Zum Arsch mit den verfickten denunzierenden Bossen!

Kurz mal geschlafen, der Tag ist wieder zum Knüppeln da.
Den Schlagring in der Tasche, der Feminismus geschärft,
Schlepp deine Suppe nach Ostsibirien,
Damit der Riot auch heftig wird.

Zum Arsch mit Sexisten, den verfickten Putinisten!

66.

Während der Massenproteste in Moskau waren wir einander dankbar, dass wir aus dem Haus gegangen waren und dieses Plätze und Straßen füllende, unglaubliche, neue, gutherzige, kluge politische Tier erschaffen hatten, wir waren ineinander verliebt mit jener Liebe, die jeden in großen gesellschaftlichen Befreiungsbewegungen durchdringt.

Suche Liebe auf öffentlichen Plätzen.

Am 4. Dezember 2011 fanden in Russland Parlamentswahlen statt. Beobachter stellten eine skandalöse Anzahl an Verstößen und Manipulationen fest. Am 5. Dezember 2011 gab es eine Kundgebung mit der Forderung, ehrliche Wahlen durchzuführen. Es kamen unerwartet viele Menschen – 10 000 gingen auf die Straße. Aus der Kundgebung wurde ein großer Demonstrationszug, der durch das Stadtzentrum Richtung Kreml marschierte.
Ich laufe zusammen mit meinen besten Freunden am Kopf der

Demonstration und bin vor lauter Begeisterung kurz davor zu kommen.
»Putin ist ein Dieb«, »Wir fordern freie Wahlen«, »Russland ohne Putin« skandiert der Demonstrationszug, der auf seinem Weg am FSB-Gebäude an der Lubjanka elegant die Absperrung der OMON durchbricht. In den Häusern werden Fenster aufgerissen, erstaunte Menschen schauen hinaus. Manch einer fängt an, verständig zu lächeln, als er die Losungen vernimmt. Der Winter ist warm, es schneit ein wenig, ich trage einen langen Rock, Mantel und kniehohe Absatzstiefel, und es scheint, als wäre alles möglich. Danach werden die Verhaftungen beginnen, Hunderttausende Kundgebungen im Zentrum von Moskau, Forderung von Neuwahlen, dann wieder Verhaftungen, Verhaftungen und noch mal Verhaftungen. Aber noch scheint es so, als wäre alles möglich.

67.

»Wenn man ihr zum Beispiel den Vorschlag macht zu verreisen, ins Ausland, sich zwei Wochen zu erholen, dann antwortet sie: ›Nein, wir haben keine Zeit. Wir arbeiten an der Revolution.‹ Ich dachte erst, das wär nur so ein Spruch, aber nein – das ist alles ziemlich ernst«, erzählt der Künstler Anton Nikolajew über eine der Pussy-Riot-Aktivistinnen.
Was ist überhaupt Erholung? Warum sich auf Biegen und Brechen irgendwo erholen, wenn dein Leben und deine Revolution hier sind, immer bei dir, ganz nah?

———

Konzert für politische Häftlinge *Tod dem Gefängnis – Freiheit dem Protest!*

Datum: 14. Dezember 2011

Ort: Dach des Spezialgefängnisses für Verwaltungshäftlinge, wo die Verhafteten nach den Protesten festgehalten wurden.

Lied: »Tod dem Gefängnis – Freiheit dem Protest!«, enthält Aufrufe, städtische Plätze friedlich zu besetzen und politische Häftlinge aus den Gefängnissen zu befreien.

Textauszug: »Öffnet die Türen, vergesst Uniformen, / Kommt, lasst uns riechen den Duft von Freiheit.«

Zahl der aus politischen Motiven Verhafteten im Dezember 2001: über 1300 Menschen

Unter den mehreren Hundert Verhafteten auf der Kundgebung vom 5. Dezember 2011 waren auch Petja Wersilow, Alexej Nawalny und ein paar Dutzend von unseren Freunden und Bekannten. Die ganze Nacht verbrachten wir – rund dreißig Leute – vor dem Polizeirevier. Ältere Frauen strömten mit Thermoskannen aus benachbarten Häusern und schenkten uns süßen Tee ein. Die Frauen wussten, dass wir auf unsere Freunde warteten, die auf einem Protestmarsch gegen Putin festgenommen worden waren. Am nächsten Tag verurteilte das Gericht sie zu zwei Wochen Haft. Und zwang uns damit, auf dem Dach des Untersuchungsgefängnisses aufzutreten.

Innerhalb eines Tages schrieben wir ein Lied, übten es fix ein und gingen am nächsten Tag wieder zum Gefängnis. Hinter Nawalnys Fenstergitter lag ein Netz Apfelsinen. Im Winter 2011 standen die Menschen Schlange, um den Häftlingen Lebensmittel und Bücher zu bringen. Die Häftlinge aßen Schokolade, die ihnen Schüler einer Moskauer Mittelschule gebracht hatten, und hörten eine Vortragsreihe über moderne Kunst, gehalten von Petja Wersilow.

Als wir zum Auftrittsort kamen, sahen wir eine Absperrung um die Haftanstalt, einen OMON-Bus, ein Polizeiauto und ein Auto mit Zivilpolizisten. Trotzdem entschlossen wir uns aufzutreten. Das Konzert auf dem Gefängnisdach war das Debüt der neuen Pussy-Riot-Solistin Serafima, einer kämpferischen Feministin. Sie erklärte, ohne zu zögern: »Bullen oder nicht … Der Auftritt findet statt!«

Wir griffen uns das »Freiheit dem Protest«-Banner und befestigten es direkt am Stacheldraht, der die Haftanstalt abriegelte. Verwunderte Mitarbeiter steckten ihre Köpfe aus den Fenstern. Offensichtlich hatte dieses Gefängnis noch kein Konzert gesehen. Von hinten, vom Hof, kam ein Polizist und forderte uns auf herunterzukommen. Aus derselben Richtung erschienen Beamte in Zivil und hielten das Geschehen mit einer Kamera fest.

Während wir »Tod dem Gefängnis, Freiheit dem Protest! Freiheit den politischen Gefangenen« skandierten, kamen immer mehr Häftlinge an die Fenster ihrer Zellen. Sie stimmten in unsere Losungen ein, und die Anstalt begann von den Rufen der Häftlinge zu beben. Die Gitter des Gebäudes erzitterten – man versuchte sie mit bloßen Händen rauszureißen. Als wir bei den Zeilen »Zwinge die Bullen, der Freiheit zu dienen … Klau allen Bullen ihr Maschinengewehr« angelangt waren, liefen ein paar der Polizisten ins Gebäude und zogen ruckartig die Tür hinter sich zu.

Zum Ende unseres Auftritts begannen wir gemeinsam mit den Häftlingen zu brüllen: »Putin zum Teufel!« und »Solange wir zusammenhalten, kriegt ihr uns nicht klein«. Danach kletterten wir in aller Seelenruhe unser Klappleiterwunder hinunter und tauchten in den Höfen unter. Die Zivilbullen mit ihren Videokameras waren offensichtlich im Laden um die Ecke Brötchen kaufen gegangen, und wir zogen gemütlich von dannen.

68.

Wenn du im Knast gesessen hast, erscheinen dir Kurzverhaftungen und Abtransport aufs Polizeirevier während Aktionen oder Kundgebungen wie eine lustige Party in Miami. Was sind drei Stunden im Vergleich zu zwei Jahren?

Das Gefängnis, wie auch jede andere Grenzerfahrung, befreit den Menschen von falschen Ängsten. Von Kindheit an bringt man uns bei, Grenzerfahrungen zu vermeiden, obwohl man uns beibringen sollte, wie man sich so an Grenzen bewegt, dass man sich nicht den Arsch aufreißt und gestärkt daraus hervorgeht.

Tod dem Gefängnis, Freiheit dem Protest!

Fröhliche Wissenschaft, Plätze zu besetzen,
Wille zur Macht für alle, ohne Führer-Schwein,
Direkte Aktion ist die Zukunft der Menschheit!
LGBT, Feministinnen, verteidigt das Vaterland.

Tod dem Gefängnis, Freiheit dem Protest!

Zwinge die Bullen, der Freiheit zu dienen,
Proteste bewirken schöneres Wetter.
Besetze die Plätze, erobere friedlich,
Klau allen Bullen ihr Maschinengewehr.

Tod dem Gefängnis, Freiheit dem Protest!

Füllt die Städte, die Plätze und Straßen,
Die gibt's viele in Russland, vergesst doch die Austern,
Öffnet die Türen, vergesst Uniformen,
Kommt, lasst uns riechen den Duft von Freiheit.

Tod dem Gefängnis, Freiheit dem Protest!

69.

It's a new Pussy Riot every day.

Konzert *Revolte in Russland – Putin hat sich eingepisst*
Datum: 20. Januar 2012
Ort: Lobnoje Mesto auf dem Roten Platz
Lied: »Putin hat sich eingepisst«
Textauszug: »Zum Kreml bewegt sich die rebellische Kolonne, / in Geheimdienstfenstern bersten die Scheiben.«
Gesetzlicher Status des Clips in der RF: Auf Anordnung des Moskauer Bezirksgerichts Samoskworetschje vom 29. November 2012 zu extremistischem Material erklärt und der Zugang zum Video auf dem Territorium der RF verboten.

Das Lied entstand nach den Ereignissen am 5. Dezember und ist durchdrungen von der radikalen Proteststimmung dieses Tags, als es nach einer Kundgebung mit 10 000 Menschen an den Tschistyje Prudy einem Teil der Protestierenden gelungen war, die Absperrungen der OMON zu überwinden und loszumarschieren. Vielleicht 1000 Menschen schafften es, zum Kreml vorzudringen. Die Polizei war verstört, wusste nicht, was sie tun sollte, wartete mit großen Augen auf Anweisungen und wagte nicht, die Protestierenden anzurühren. Der Befehl, sie aufzuhalten, kam erst, als die Menschen schon am Kreml waren, also eine halbe Stunde nach Beginn des Marschs. Die Machthaber waren verschreckt. Sofort folgte der Befehl zum Einzug bewaffneter Truppen nach Moskau. Spezialeinheiten wurden in Bereitschaft versetzt. Es war offensichtlich: Putin hatte sich in die Hosen gepisst.
In dem Lied »Putin hat sich eingepisst« entwerfen wir das Szenario einer Revolte in Russland: Dafür wird den russischen Bür-

gern nahegelegt, Schlüsselorte des Landes zu besetzen und politische Änderungen zu fordern. Der Rote Platz ist der Platz mit der stärksten Symbolik im ganzen Land – genau ihn gilt es zu besetzen. Seid mutiger als der Schisser Putin und seine Sondereinheiten! In dieser heißen und aufregenden Zeit, da das politische System in Russland ins Wanken geraten ist und der *Protestler* zur Figur des ausklingenden Jahres gekürt wurde, sind Anarchisten, Feministinnen, LGBT sowie Liberale, die Madonna mit dem Kinde und alle Heiligen im kollektiven Handeln vereint.

Der Auftrittsort Lobnoje Mesto verweist auf eine Aktion sowjetischer Dissidenten im Jahr 1968, die mit der Losung »Für eure und unsere Freiheit« gegen den Einmarsch von Truppen in die Tschechoslowakei eingetreten waren. Die Teilnehmer der Aktion von 1968 wurden Folter ausgesetzt und in psychiatrische Kliniken geschickt, in Gefängnisse und die Verbannung. Wir finden, dass die aggressive, imperiale Politik der Sowjetunion in vielem dem aktuellen Kurs Putins ähnelt. Das Verhältnis zu den Bürgern hat sich seit der Sowjetzeit kaum geändert: Nach wie vor herrscht paternalistische Überwachung, und die Silowiki kontrollieren die Bürger.

Die Machthaber in Russland behandeln ihre Bürger bis zum heutigen Tag wie psychisch Kranke und Menschen, die zu eigenen Entscheidungen unfähig sind.

70.

Sachlage: Putin sagt, dass die europäischen Werte Russland fremd sind. Putin hat zwei Töchter. Beide leben in Europa.

Frage: Wenn Putin Europa als Feind betrachtet, warum hat er seine Töchter nach Europa geschickt?

Einmal, als wir an »Putin hat sich eingepisst« arbeiteten, begannen bei der Probe nach der Hälfte des Liedes plötzlich die Boxen zu rauchen und zu brennen. Das war offensichtlich ein Zeichen von oben, dass er sich wirklich eingepisst hatte.

Wir führten »Putin hat sich eingepisst« am Lobnoje Mesto auf, wo vor Jahrhunderten Erlasse des Zaren verlesen wurden. Es war ein echter russischer Winter. Minus 25 Grad Celsius. Wir mit unseren Sommerkleidchen und unserer Ausrüstung waren völlig durchgefroren – doch das ließ uns nur noch heftiger wüten. Und so brüllten die Mädels dermaßen, dass die Bullen sich erst nicht trauten, näher zu kommen.

Nach dem Auftritt fanden wir uns gekrümmt vor Schmerz auf dem Polizeirevier wieder. Nein, wir waren nicht geschlagen worden – es tut einfach höllisch weh, wenn die eiskalten Gliedmaßen wieder warm werden.

Nach den Reaktionen auf unser Video zu urteilen, würden sich viele Bürger Russlands wünschen, dass sich Putin ernsthaft und nachhaltig einpisst. Die Leute teilten fleißig Zitate aus dem Lied: »Die Zeit ist reif für subversiven Kampf«, »Wohn auf dem Roten, / Demonstrier die Freiheit / Der bürgerlichen Wut!«

71.

Ich bin ein Fan von Eva: Während Adam einen auf blöd machte und dumm göttlichen Befehlen folgte, war Eva fleißig und fand den Apfel. Laut Bibel war es der Apfel der Erkenntnis. Im Grunde verdanken wir also Eva Wissenschaft, Raumschiffe, iPhones, Tonstudios, Kaffeebecher aus Pappe und das Internet. Uns wurde gesagt, Männer würden alles erfinden, doch ohne Eva hätten sie gar nicht angefangen zu denken und nach dem Wissen der Welt zu suchen. Eva war die erste Feministin und überhaupt 'ne ziemlich coole Braut.

Nasche lieber vom Baum der Erkenntnis, als dass du als seliger Idiot Gott am Hals hängst.

»Nadja zeigte mir und ihrer vierjährigen Tochter den letzten Clip von Pussy Riot, ›Putin hat sich eingepisst!‹, woraufhin Gera verzückt durch die Wohnung tobte und voller Begeisterung wiederholte: ›Putin hat sich eingepisst!‹ Schon seit letztem Herbst sangen Gera und sie immer zweistimmig und so süß, so beseelt ›Leg frei! Leg frei! Leg frei! Das Pflaster!‹. Gera betonte dermaßen bezaubernd die zweite Silbe dieses ›Leg frei!‹, dass es schien, das Kind hätte alles, aber auch alles verstanden.«
(mein Vater Andrej Tolokonnikow)

72.
Unser beider Stärke, unser Glück – das ist der Übermut der Schwachen, aber Entschlossenen. Bewahre dir die Fähigkeit zu schreien, zu fühlen, dich zu begeistern, zu beseelen, schwach zu sein und dabei doch zu siegen.

Revolte in Russland – Putin hat sich eingepisst

Zum Kreml bewegt sich die rebellische Kolonne,
In Geheimdienstfenstern bersten die Scheiben.
Feiglinge bepissen sich hinter roten Mauern,
Der Riot fordert die Abtreibung des Systems!

Angriff im Morgengrauen? Ich hab nichts dagegen,
Für unsere gemeinsame Freiheit die Peitsche zu zücken.
Die heilige Madonna lehrt das Kämpfen,
Feministin Magdalena ging los zur Demo!

Revolte in Russland – Charisma des Protests!
Revolte in Russland – Putin ist nass!
Revolte in Russland – wir existieren!
Revolte in Russland – Riot! Riot!

Geh auf die Straße,
Wohn auf dem Roten,
Demonstrier die Freiheit
Der bürgerlichen Wut!

Frust über Kultur der Hysterie von Männern,
Wildes Führertum frisst den Verstand.
Orthodoxe Religion des grausamen Penis,
Von Patienten wird Konformität verlangt.

Das Regime will die Zensur von unerhörten Träumen.
Die Zeit ist reif für subversiven Kampf.
Das feige Pack sexistischen Regimes
Bittet um Vergebung bei harten Emanzen.

Revolte in Russland – Charisma des Protests!
Revolte in Russland – Putin ist nass!
Revolte in Russland – wir existieren!
Revolte in Russland – Riot! Riot!

Geh auf die Straße,
Wohn auf dem Roten,
Demonstrier die Freiheit
Der bürgerlichen Wut!

4
PUSSY RIOT CHURCH

73.

Der eine besäuft sich tagtäglich, schießt sich völlig ab, der andere treibt viel Sport, isst Ananas und widmet sich der Gesichtsreinigung. Beide werden denken, dass der andere was falsch macht. Und wenn sie sterben und zu Gott auffahren, wird der beide streng ermahnen: »Ein ganzes Leben stand euch zur Verfügung, und Putin hockt immer noch im Kreml. Nur Scheiße hattet ihr im Kopf! IST DAS OKAY, FRAGE ICH EUCH?«

Habt keine Scheiße im Kopf. Stürzt Diktatoren!

Du trinkst Kaffee. Ein gemütliches Café, warm, Girlanden an den Wänden. Vor der Tür Sauwetter, feiner piksiger Schnee und stürmischer Wind. Was bringt dich dazu, Kaffee und Café links liegen zu lassen, in dünnen bunten Strumpfhosen in der Kälte zu frieren, in die Christ-Erlöser-Kathedrale zu gehen, eine Sturmhaube überzuziehen und einen Punk-Gottesdienst aufzuführen?
Ein paar Tage später werden der Moskauer Kriminalsuchdienst, die politische Polizei und Mitarbeiter des FSB hinter dir her sein. »Festnehmen und einsperren« – so wird ihr Befehl in Bezug auf dich lauten. Aber du wirst es schaffen, der Verhaftung zu entkommen, und eine ganze Woche auf der Flucht vor ihnen sein. Sie schnappen dich trotzdem, aber dafür hast du gelernt, welche Fehler man vermeiden sollte, wenn man vor den

Bullen flieht. Und du kannst ein Buch darüber schreiben, damit auch andere es erfahren.
Dann wirst du ein wenig im Gefängnis sitzen müssen. Du wirst lernen, wie man Konservenbüchsen auf dem Asphalt aufmacht und laut »Verpiss dich!« schreit, auch wenn man eigentlich gerne schweigen würde. Plötzlich wird sich dir eine Möglichkeit eröffnen, wie du die gesamte Gefängnisleitung auf einmal besiegst. Du wirst lernen, dich im Lager zu verlieben, und zusammen werdet ihr in einer Frühlingsnacht rauchen, während ihr euch vor den Bullen versteckt.
Wieder in Freiheit, wirst du empfangen von Kosaken mit Riemenpeitschen und Madonna, von Occupy-Wall-Street-Aktivisten und Hillary Clinton, von einer annektierten Krim und einem Krieg, den deine Regierung der Ukraine aufgezwungen hat, von Quentin Tarantino und den Gefängnissen in den USA und Europa.

74.

Punk-Kultur, Dichtung und die verdammte Literatur haben uns gelehrt, dass Mäßigung und Zurückhaltung oft die falsche Wahl sind. Wenn deine Intuition dir sagt, dass es für dich an der Zeit ist, die Zurückhaltung hinter dir zu lassen, dann tu es und geh los.

Punk-Gebet: Muttergottes, jage Putin weg

(Chor)
Muttergottes, Jungfrau, jage Putin weg,
jage Putin weg, jage Putin weg.
(Chor Ende)

Schwarze Kutte, die Schulterklappen golden,
Die ganze Gemeinde kriecht hin zur Verbeugung.
Zum Himmel gefahren das Phantom der Freiheit,
In Ketten nach Sibirien deportiert die Gay Pride.

Ihr oberster Heiliger, Chef des KGB,
Führt die Demonstranten unter Wachschutz in die Zelle,
Damit sie den Heiligsten nicht betrüben,
Müssen Frauen gebären und lieben.

Scheiß, Scheiß, Scheiß des Herrn!
Scheiß, Scheiß, Scheiß des Herrn!

(Chor)
Muttergottes, Jungfrau, werde Feministin,
Werde Feministin, werde Feministin.
(Chor Ende)

Kirchlicher Lobgesang für durchgefaulte Führer,
Eine Kreuzprozession aus schwarzen Limousinen.
In deine Schule kommt bald der Priester,
Geh zum Unterricht – bring ihm Zaster!

Der Patriarch Gundjai glaubt nur an Putin;
Glaub lieber an Gott, du elende *Suka*!
Der Gürtel der Jungfrau ersetzt keine Demo –
Mit uns beim Protest ist die Jungfrau Maria!

(Chor)
Muttergottes, Jungfrau, jage Putin weg,
jage Putin weg, jage Putin weg.
(Chor Ende)

75.
Versuche ein Problem immer zuerst auf dem Weg der Kunst zu lösen – und dann mit allen anderen dir zugänglichen Mitteln. Kunst ist die beste Medizin – für dich persönlich und für die Gesellschaft.

»Unmittelbar an einem heiligen Ort getätigte Äußerungen mit homosexueller Semantik, wie z. B. der Vers ›Zum Himmel gefahren das Phantom der Freiheit, / In Ketten nach Sibirien deportiert die Gay Pride‹, stellen – bedenkt man die mehrfach deklarierte Haltung der orthodoxen Kirche gegenüber der Homosexualität – eine Missachtung der Gläubigen als soziale Gruppe dar, die sich durch die Haltung gegenüber der Religion offenbart.
Negative und verhöhnende Wirkung hat auch die Aussage ›Muttergottes, Jungfrau, werde Feministin‹, bringt sie doch aus Sicht der Gläubigen die Gestalt der Gottesmutter auf erniedrigende Weise mit der negativ bewerteten Ideologie des Feminismus in Verbindung, dessen zahlreiche Elemente in eklatantem Widerspruch zur christlichen Lehre stehen.
Der Terminus *suka* ist ein allgemein bekanntes Schimpfwort. Diverse Wörterbücher ordnen ihm verschiedene Bedeutungen zu: ›Hündin‹, ›Prostituierte‹, ›Verräter‹, ›ehemaliger Dieb im Gesetz‹, der seine illegale Tätigkeit aufgegeben hat. Kweselewitschs Bedeutungswörterbuch der russischen Vulgärsprache definiert *suka* als ›Flittchen‹, ›Schlampe‹, ›mit der Verwaltung kooperierender Häftling‹, ›Denunziant‹, ›Verräter‹.
Laut Gratschows Jargon-Wörterbuch hat *suka* die Bedeutung ›passiver Homosexueller‹, ›Prostituierte‹, ›Verräter unter Kriminellen‹, ›Krimineller, der mit den Dieben im Gesetz gebrochen hat‹, ›verdorbene Frau‹. Offensichtlich wird das Wort in

dem Lied ›Muttergottes, jage Putin weg‹ in seiner vulgären Bedeutung verwendet und nicht in seiner Bedeutung als ›Hündin‹!

Das Nebeneinander des Lexems *Scheiß*, welches eine obszöne anal-exkrementale Bedeutung hat, mit dem Lexem *Gott* in der Zeile ›Scheiß des Herrn‹ sowie die mehrfache Wiederholung dieser Zeile verstärkt seine negative Wirkung extrem.

Dals Bedeutungswörterbuch der lebendigen, großrussischen Sprache definiert das Lexem *Scheiß* als Synonym zum Lexem ›Scheiße‹, also als etwas Übles, Schlechtes. Jelistratows erklärendes Wörterbuch des russischen Slang definiert das Lexem *Scheiß* als abgeleitet vom Lexem ›scheißen‹, dessen Hauptbedeutung wiederum als ›sich entleeren‹ definiert wird.

Mit den Worten ›Schwarze Kutte, die Schulterklappen golden, / Die ganze Gemeinde kriecht hin zur Verbeugung‹ wird der sozialen Gruppe der Gläubigen sittliche und verhaltensmäßige Servilität (Knechtseligkeit, Unterwürfigkeit – ›kriecht hin zur Verbeugung‹) gegenüber den Organen der staatlichen Sicherheit zugeschrieben (darauf deuten die Worte ›Ihr oberster Heiliger, Chef des KGB‹), was eine Worthülse sowie außerdem einen Akt der Verleumdung gegenüber der genannten sozialen Gruppe darstellt.«

(aus den Unterlagen im Strafprozess gegen Pussy Riot: Befund des psycholinguistischen Gutachtens)

76.

Das einzige Vergehen von Pussy Riot bestand darin, dass wir der Christ-Erlöser-Kathedrale keine Mietgebühr für die Benutzung des Saals bezahlt hatten. Auf der Internetseite der Kirche findet man eine Preisliste für die Anmietung der Räume. Jeder gut situierte Beamte oder Geschäftsmann kann es sich erlauben, ein Bankett in der Kathedrale zu veranstalten. Weil er ein Mann ist, weil er Geld hat und weil er nicht gegen Putin ist. Drei Komponenten, die in Russland zum Erfolg führen.

Definiere die Erfolgskriterien neu. Geh mit dem Kopf durch die Wand.

»Der Saal der Kirchenkonzilien der Christ-Erlöser-Kathedrale ist Veranstaltungsort für viele Konzerte, Tagungen, Seminare, Konferenzen sowie Empfänge auf höchster Ebene. Er bewahrt und ehrt die jahrhundertealte russische Tradition der Gastfreundschaft. Die einmalige Lage, das einzigartige Interieur, die unbestrittene Autorität und die tadellose Reputation des multifunktionalen Saals der Kirchenkonzilien sind wirkungsvolle Mittel, um Ihre Veranstaltung innerhalb der *gesellschaftlichen* und *geschäftlichen Kreise Moskaus* noch interessanter zu machen. Darüber hinaus können wir Ihnen anbieten: Videoprojektions- und Laserausstattung, Konzertflügel, elektronische Orgel.
Garderobenräume für sechs prominente Ehrengäste sind vorhanden. Die Bühnenausstattung ist für das Aufspannen von Werbebannern eingerichtet.«
(Auszüge aus der offiziellen Internetseite der Christ-Erlöser-Kathedrale)

77.
Manchmal muss man gar nicht viel tun, um Heuchelei aufzudecken. Nur ein Konzert spielen.

Patriarch Kirill I., bekannt für seinen Tabakhandel und sein Vier-Milliarden-Dollar-Vermögen, sprach sich vor den Wahlen ausführlich gegen zivilgesellschaftliches Engagement aus. »Orthodoxe Gläubige sind nicht geschaffen für Demonstrationen, sie stehen Schlange, um den Gürtel der Heiligen Muttergottes zu sehen … Diese Menschen gehen nicht zu Demonstrationen, ihre Stimme hört man nicht; sie beten in der Stille der Klosterzellen und zu Hause«, ließ Seine Heiligkeit bei den Feierlichkeiten zum dritten Jahrestag seiner Thronbesteigung in der Christ-Erlöser-Kathedrale verlautbaren. Ja, genau: Die Stimmen der Russen *hört man nicht*, weil sie schon vorher, vor den Wahlen, durch die Wahlkommission gestohlen wurden.
Wir kriegen das Kotzen, wenn der Patriarch ohne jegliches Schamgefühl Agitation für Putin betreibt, indem er ihn bereits vor den Präsidentschaftswahlen als Präsident Russlands bezeichnet und davon spricht, Putin habe angeblich »die Schieflage der Geschichte« korrigiert. Wenn Putin etwas korrigiert hat, dann den Inhalt der Taschen seiner Vertrauten, z. B. Seiner Heiligkeit Kirill.
Auf dem Gelände der Kathedrale befinden sich eine chemische Reinigung, eine Autowaschanlage, eine Wäscherei (unterhalb des Altars), es gibt dort sogar ein Unternehmen, das mit Meeresfrüchten handelt. Touristen verkauft man Eier im Stile Fabergés für 150 000 Rubel, der Schmuckhandel blüht. Und weil niemand sie kontrolliert und mit Steuern belegt, hat die russisch-orthodoxe Kirche beschlossen, den Umsatz mit billigem arabischem Gold fröhlich anzukurbeln.

78.

»Die akribische Planung der gemeinsamen Aktivitäten durch die Beteiligten der kriminellen Gruppe, die genaue Vorberei-

tung jeder Phase der Straftat und der Einsatz entsprechender Requisiten ermöglichte es ihnen, alle Stadien der geplanten Aktion erfolgreich durchzuführen und zur finalen Etappe zu gelangen.«
(aus dem Urteilsspruch des Bezirksgerichts Chamowniki, Moskau, 17. August 2012)

Das ist ein, wie ich finde, lustiges Spiel: Stell dir vor, in welcher Form die eine oder andere deiner völlig harmlosen Handlungen in einem späteren Urteil gegen dich verwendet wird. Probier es mal aus, wenn du Zeit hast!

Am Morgen des 21. Februar 2012 trafen wir uns an der Metrostation Kropotkinskaja. Es war zehn Uhr, der Morgengottesdienst in der Christ-Erlöser-Kathedrale war gerade zu Ende.
Wir warteten in einem kalten und ungemütlichen Fast-Food-Restaurant darauf, dass sich alle Performance-Teilnehmer und die, die das Ganze dokumentieren sollten, an der Station Kropotkinskaja einfanden. Wir aßen und tranken nichts, weil wir nie etwas in Cafés bestellten: Wir hatten eine Regel, die besagte, dass wir unser ganzes Geld in die Vorbereitung von Aktionen stecken sollten. Fünf junge Frauen in bunten Strumpfhosen, Jacken und orthodoxen Kopftüchern, unter denen sie die bunten Strickmasken versteckten, saßen um einen Cafétisch und wechselten knappe Worte.
Wir hatten drei Wochen lang trainiert, wie man blitzschnell eine Fluter-Rampe aufstellt und sie an eine mobile Batterie anschließt, gleichzeitig Mikrofonständer aufklappt und die Gitarre aus der Tasche holt. Sosehr wir auch trainierten, 15 Sekunden gingen für die Vorbereitung drauf, was natürlich viel zu lang war.

Die Tür zum Fast-Food-Restaurant ging immer wieder auf, und wir fröstelten im Februar-Schneegestöber, das dabei jedes Mal hereingeweht wurde.

79.

»Die Frauengruppe tat, während sie sich in diesem heiligen Ort befand, unvorstellbare Dinge, die die Gefühle gläubiger Menschen zutiefst beleidigen. Sie warfen die Rucksäcke und Taschen, die sie bei sich führten, auf den Boden, legten die bedingt zulässige Oberbekleidung ab, zogen sich bunte Masken mit Schlitzen für Mund und Augen über den Kopf und verblieben dann in unflätiger, vulgärer Aufmachung (kurze bunte Kleider ohne Ärmel, enganliegende Leggins). Gleichzeitig holten sie eine elektrische Gitarre hervor. Dann begannen sie, wie besessen herumzuhüpfen, die Beine hochzuwerfen und wie wild die Köpfe zu schütteln. Dabei brüllten sie äußerst beleidigende, gotteslästerliche Worte über Christus, über die Gottesmutter und den Patriarchen.«
(aus den Unterlagen im Strafprozess gegen Pussy Riot)

There are endless possibilities with Jesus.

Für zehn Uhr morgens sind im Kirchenraum ziemlich viele kräftig aussehende Männer anwesend. Schwer zu übersehen, dass auch die Wachleute, die sonst gelangweilt in der Ecke sitzen, an diesem Morgen nervös herumtigern. Ein halbes Jahr später, bei Gericht, werde ich erfahren, dass diese kräftigen Männer Aktivisten der christlich-nationalistischen ultrakonservativen Bewegung *Russische Volksunion (Narodny Sobor)* sind. Offensichtlich wusste die politische Polizei schon vor unserer Aktion Bescheid und hatte sich darauf vorbereitet, sie mit Hilfe der Ultrakonservativen zu sprengen.

Wir versammelten uns in einer Ecke der Kathedrale im Kreis.

»Und? Ziehen wir's durch? Oder verschieben wir's?«

»Wenn die schon jetzt von unseren Plänen wissen, wird es nächste Woche nicht einfacher. Jetzt. Los.«

Wir gehen zur Absperrung vor der Solea, dem erhöhten Gang zum Altar. Schnellen Schrittes zum Tatort, eine nach der anderen. Der Ablauf simpel: Geräte aufstellen und anschließen, die orthodoxen Tücher über den Sturmhauben abnehmen und diese übers Gesicht ziehen. Aber kaum haben wir die Daunenjacken ausgezogen, stürzen die Wachleute zusammen mit den kräftigen Männern in Zivil auf uns zu und wollen uns herunterzerren. 10 Sekunden Auftritt.

Verstärker und Mikrofon fliegen in die Ecke. Ich entwische gerade so. Versuche, in den wenigen freien Sekunden einen Tanz aufzuführen. Bekreuzige mich. 20 Sekunden Auftritt.

Der Wachmann zieht mir die Sturmhaube vom Kopf. Was zum Teufel, das ist ein verbotener Griff, ich zieh euch doch auch nicht die Unterhosen aus! Wir sind 30 Sekunden am Altar.

»Geben Sie die Sturmhaube her«, sage ich. »Meine Sturmhaube!«

Er denkt nicht dran. Ich will ihn einholen. Er – zum Ausgang. Ich – hinterher.

40 Sekunden Auftritt.

80.

»Mit ihren Handlungen hat Tolokonnikowa N. A. gemeinsam mit Samuzewitsch E. S., Aljochina M. W. und weiteren nicht identifizierten Personen die öffentliche Ordnung schwer gestört (…), sich gegen die orthodoxe Welt positioniert, versucht,

über viele Jahrhunderte gehütete und hochgehaltene Kirchentraditionen und Glaubenssätze zu entwerten (…), indem sie auf unverblümte und unzweideutige Weise ihren Hass auf die Religion an sich und ihre Feindseligkeit gegenüber einer der heute lebendigen Religionen bekundeten, nämlich dem Christentum, was einem Angriff auf die Rechtsgleichheit gleichkommt, auf die Identität und den hohen Stellenwert, den das Christentum bei einer Großzahl von Nationen und Völkern genießt.«
(aus dem Urteilsspruch des Bezirksgerichts Chamowniki, Moskau, 17. August 2012)

Jesus is the best, forget the rest!

Wir verlassen die Christ-Erlöser-Kathedrale. Niemand versucht, uns zu fangen oder aufzuhalten. Den Wachmännern sind wir völlig schnuppe. Sie sind längst zu den digitalen Patiencen auf ihren Smartphones zurückgekehrt. Sie hätten uns liebend gern eine Stunde später vergessen gehabt, wenn sich nicht die Politik in die Sache eingemischt hätte. Wenn nicht Putin mit dem Patriarchen telefoniert und der Patriarch nach diesem Telefonat dem Schlüsselverwahrer der Christ-Erlöser-Kathedrale, Erzpriester Michail Rjasanzew, befohlen hätte, alle seine Mitarbeiter, die Zeugen des Punk-Gebets geworden waren, zu verpflichten, dass sie zum Ermittler gehen und aussagen. In ihren ersten Aussagen geben die Zeugen an, unser Tanz hätte sie nicht gejuckt. Aber als Putin sich dazu äußerte, als die Präsidialverwaltung die *richtigen Leute* anrief, sagten die Mitarbeiter der Kathedrale erneut aus: Jetzt sprachen alle einstimmig von schwer zu verkraftenden moralischen Leiden. Davon, dass wir die christliche Moral in ihren jahrtausendealten Grundfesten erschüttert hätten.

Später, vor Gericht, werden wir die durch uns »Geschädigten« fragen:
»Wenn Sie beobachten würden, wie jemand eine Straftat in Ihrer Kathedrale begeht – zum Beispiel, etwas beschädigt oder eine Ikone entwendet –, was würden Sie tun?«
»Wir würden ihn festhalten und die Polizei rufen«, antworteten unsere Opfer.
»Warum haben Sie uns dann nicht bis zum Eintreffen der Polizei festgehalten, sondern einfach laufen lassen?«
Die Antwort: Schweigen.
»Das heißt also, Sie haben in unseren Handlungen nichts Kriminelles gesehen?«
Schweigen.

81.

Die zentrale Frage im Fall Pussy Riot lautet: Wen hat das Punk-Gebet schwerwiegender beleidigt – Patriarch Kirill oder Wladimir Putin?
Was meinst du?

Einmal war ich am Ende des Arbeitstages im Straflager, als alle fix und fertig waren, in der Kantine. Wir aßen von der fauligen Kohlsuppe, dann ging ich raus zum Fenstersims und entdeckte dort eine Ausgabe der religiösen Zeitschrift *Foma* von 2009. Ich schlug eine zufällige Seite auf und sah dort ein Foto von *mir*. Ein Foto von mir auf einer Demo, von einer 2009 niemandem bekannten Aktivistin, zierte da ein Interview mit dem leitenden Pressesprecher der russisch-orthodoxen Kirche, Wsewolod Tschaplin, zum Thema Bürgerengagement. Tschaplin – aufgemerkt! – sagte, die russisch-orthodoxe Kirche wäre

bereit, Bürgerengagement *zu begrüßen*: »Ich schließe die Teilnahme von Bürgern an Mahnwachen und Demonstrationen nicht aus, und ich halte das für positiv.«
Was ließ die russisch-orthodoxe Kirche innerhalb weniger Jahre ihre Position dermaßen ändern, dass sie Bürgeraktivisten heute ins Gefängnis wandern lässt?

82.

»Es ist nicht leicht, Pussy Riot zu finden, die Sängerinnen geben ihre Telefonnummern nicht heraus, wechseln ständig ihre Probenorte. Der Kontakt kam durch das Internet zustande. Wir vereinbarten ein Treffen an einer Metrostation. Zum verabredeten Zeitpunkt kam ein großer junger Mann auf mich zu. Er nannte seinen Namen nicht und führte mich wortlos irgendwohin. Wir bogen in eine nahe Seitenstraße ein und stiegen in einen halbzerstörten Keller. In dem Raum brannte eine einzige Glühbirne, darunter saßen zwei junge Frauen in Masken, bunten Strumpfhosen und kurzen Kleidern. Sie stellten sich als Tjurja und Garadscha vor.«
(Journalistin der Moskauer Nachrichten*)*

Mit Gewalt gewinnst du höchstwahrscheinlich nicht. Wenn du gewinnst, dann nur mit Erfindungsgeist und Nonsense.

Wir sitzen im Kellerraum eines der Cafés im Kamergerski Pereulok, unweit des Kreml.
»Haben alle die Handys aus und zerlegt?«, fragt Katja streng. »Hier mit einem eingeschalteten Telefon sitzen und sprechen – da kann man gleich in der FSB-Zentrale anrufen und ihnen unsere Pläne darlegen.«

»Und was sagen wir«, ich kann mir die Frage nicht verkneifen, »wenn sie uns beim Verhör schlagen?«
»Dass Schlagen gemein ist, müsst ihr sagen«, rät uns der Anwalt. »Und es ertragen.«
»Das ist alles?«
»Na ja, man kann auch nach einem Anwalt verlangen und sich weigern, vor seinem Erscheinen auszusagen«, führt der Anwalt weiter aus. »Und wenn sie dich immer noch schlagen, sagst du, dass du dir eher die Zunge abbeißt, als zu sprechen.«
»Ich beiße … was ab? Meine Zunge?«, frage ich nach.
»Ja, die Zunge.«
»Aber ich hab nicht vor, mir die Zunge abzubeißen!«
»Na, dann behaupte zumindest überzeugend, dass du es tust!«
Alle starren vor sich auf den Tisch.
»Wollen wir nicht mal gegenseitig ausprobieren, ob das weh tut, wenn man eine Flasche ins Gesicht bekommt?«, schlägt Katja vor.
»Aber nicht jetzt, wir sind hier doch nicht alleine.«
»Dann gehen wir halt. Du denkst wohl, du hast noch massig Zeit, dich aufs Verhörtwerden vorzubereiten?«
Wir, die Teilnehmerinnen der Performance in der Christ-Erlöser-Kathedrale, haben beschlossen, dass wir nicht freiwillig zum Polizeirevier gehen werden. Wir haben beschlossen, unterzutauchen.
In dieser Nacht fahren wir alle nach Hause, um zu packen und uns um 5 Uhr morgens auf einem Vorstadtbahnhof wiederzutreffen.

83.

»Was die Verräter anbelangt – die krepieren von selbst.«
(Wladimir Putin, Präsident der Russischen Föderation)

Mein Name steht auf der Liste der *Fünften Kolonne* – der Nationalverräter Russlands. Ich gehöre vernichtet. Als die Krim annektiert wurde, hing am zentralen Bahnhof der Halbinsel ein Banner mit den Porträts und Namen von Verräterinnen und Verrätern der Nation. Eine davon war ich.

»Einen süßen Tee und diese Pasteten da, bitte. Ja, die mit Entchen und Pilzen.«
Um 5 Uhr früh betrete ich zum Aufwärmen den kleinen Laden am Bahnsteig.
Ende Februar 2012, der Auftritt in der Christ-Erlöser-Kathedrale ist vier Tage her. Schnee auf den Straßen. Die Luft hier, außerhalb von Moskau, ist frischer als in der Hauptstadt, und für uns duftet sie nach Abenteuer. Am Bahnhof strömen langsam Pussy-Riot-Aktivistinnen mit prall gefüllten Rucksäcken und vor Schlafentzug geröteten Augen zusammen. Wir wissen bereits, dass der Staat beschlossen hat, Pussy Riot zu verhaften und nach einem Artikel zu verurteilen, der bis zu sieben Jahre Freiheitsentzug vorsieht.
Ich esse eine Pastete nach der anderen.
Wir finden uns wieder an einem ruhigen Ort mit weißem Schnee, der unter den Füßen knirscht. Wenn man den Hügel, auf dem das Haus steht, zu dem schmalen Flüsschen hinabsteigt, taucht man ein in den rauchigen Duft der russischen Öfen und Banjas, und wachende Hunde kläffen einem hinter alten Holzzäunen hinterher.
Wir betreten das Haus und lassen uns auf den Boden fallen, den Blick auf einen unbestimmten Punkt gerichtet.
»Schlafen.«
»Schlafen.«
Wir kringeln uns zu fünft auf dem Doppelbett zusammen

und schlafen ein, aneinandergeschmiegt wie Hunde im kalten Schnee.

84.

»Wir haben nach Aufrichtigkeit und Einfachheit gesucht und sie in der Punk-Performance gefunden. Leidenschaft, Offenheit und Naivität stehen über Hochmut, Hinterhältigkeit und aufgesetzter Sittsamkeit, die nur kriminelle Machenschaften verschleiert. Die obersten Persönlichkeiten unseres Staates setzen in der Kirche rechtschaffene Mienen auf, aber indem sie heucheln, begehen sie weit größere Sünden als wir.«
(aus meiner Schlusserklärung bei der Verkündung des Urteils gegen Pussy Riot am 8. August 2012)

Wenn euch eine Karriere als Diktator vorschwebt, bildet euch bloß nicht ein, dass ihr all eure Kritiker vernichten könntet. Irgendjemand wird sich ganz bestimmt durchkämpfen und entweder ein Lied singen oder eine Rede halten oder eine Aktion starten – und gehört werden.

Ich werde von klappernden Töpfen und dem aufdringlichen Duft nach leckerem Essen geweckt, der einen bekanntlich nicht wieder einschlafen lässt. In den Töpfen auf dem Herd dampfen Manty. Ich schnappe mir einen und setze mich in eine Ecke, zum Schreiben. Im hysterischen Rausch haue ich, ohne aufzusehen, in die Tasten: Ich weiß, dass die Zeit in Freiheit abläuft, und will möglichst gut und ausführlich erklären, wie und warum Pussy Riot gehandelt hat.
»Übrigens hat die Ethik«, schreibe ich, »die unsere Gegner und die sogenannten Beschützer der Orthodoxie zur Schau stel-

len, alttestamentarischen Charakter: ›Auge um Auge, Zahn um Zahn‹. Liebe Freunde, ihr solltet euch nicht als Christen bezeichnen, wenn ihr das Alte Testament inniger verehrt als das Neue, das Jesus Christus euch gab. Die Muttergottes hätte sich für uns niemals gebrochene Beine und kahlrasierte Schädel gewünscht. Das Prinzip ›Auge um Auge‹, das Talionsprinzip, war unter den indigenen Völkern verbreitet. Die Ankunft Jesu Christi hat die Ethik im Kern verändert, sie humanisiert. Wie uns Jesus in der Bergpredigt und den Seligpreisungen lehrte: ›Selig sind die Barmherzigen; denn sie werden Barmherzigkeit erlangen‹, ›Selig sind die Sanftmütigen; denn sie werden das Erdreich besitzen‹, ›Selig sind, die um der Gerechtigkeit willen verfolgt werden; denn ihrer ist das Himmelreich‹. Seid barmherzig, richtet nicht, seid vollkommen, wie euer Vater im Himmel. Die Humanität und Toleranz Jesu ist bewundernswert, aber ich habe den Eindruck, dass unsere ›Beschützer der Orthodoxie‹ als Hüter indigener, patriarchaler, prähistorischer ethischer Doktrinen auftreten, anstatt Jesus nachzufolgen.«

85.

Schöpferische Arbeit und das Streben nach Erkenntnis sind meine einzigen Leitlinien. Ich verweigere mich einem Leben gemäß den Regeln einer bürokratischen Überwachungsmaschine. Das verschafft mir großes Vergnügen. Und Freiheit.

Die Maschine reagiert wütend, rächt sich.

Doch indem du die Regeln der Maschine nicht akzeptierst, fügst du ihr größeren Schaden zu als sie dir. Weil allen um dich herum langsam klar wird, dass der König tatsächlich nackt ist.

———

Wir verbrachten zwei Tage im Moskauer Umland, zwei wundervolle Tage. Im normalen Leben passiert es selten, dass alle deine besten Freunde um dich herum versammelt sind und du eine wirklich enge Verbindung zu ihnen spürst. Tagsüber rodelten wir auf Pappkartons von unserem Hügel hinunter zum Fluss. Die Tage waren sonnig und klar, die Kartons rissen schnell, und so durchpflügten wir die Schneehügel auf unseren Hintern, die am Ende von der tauenden Eiskruste ganz nass waren.

Morgens stieg ich den Hügel hinab, um am Fluss zu laufen; gegenüber von den alten zerstörten Backsteingebäuden, die in einer fernen Sowjetzeit als Fabrik gedient hatten, boxte und kickte ich die Luft, um mich aufzuwärmen. Gierig sog ich die Landluft ein, und mein Kopf drehte sich, woraufhin ich nur noch wilder sprang und den leeren Raum mit meinen Fäusten durchhieb, um meine Boxschläge zu üben.

Trotz der eisigen Kälte fror das schmale Flüsschen nicht zu – wegen der Industrieabfälle, die dort hineingepumpt werden. Ich blieb auf der Brücke über dem Fluss stehen und lauschte. Holzhäuser, Tannen, Hundegebell, Ofengeruch, Sonne, glitzernder Schnee und Wasser, das über Steine rinnt. Und was, dachte ich und schwang mein Bein in die Luft, wenn ich diese Sonne und diesen Fluss ein paar Jahre lang nicht wiedersehe? Ich muss Kraft und Sonnenwärme tanken, solange es noch geht. Und dann stand ich einfach da, ohne mich zu rühren. Wie ein Löwenzahn, der seinen Kopf der Sonne zuwendet.

Wenn Heidegger etwas im Sinn hatte, als er von der »Stimmung« als einer der Grundweisen des »In-der-Welt-Seins« sprach, dann war es genau das. Und sollte ich eingesperrt werden, dann kehre ich ganz sicher hierhin zurück, an diesen Ort, zu dieser Stimmung, weil das mein Fluss ist, meine Luft, meine Welt – und kein Arschgesicht wird mir das wegnehmen können. Das dachte ich, als ich auf dieser Brücke stand.

86.

»Ein richtiger Mann muss es immer versuchen und eine richtige Frau sich immer wehren.«

(Wladimir Putin, Präsident der Russischen Föderation)

Was tun, wenn dein Präsident nach der BDSM-Logik lebt? Ich habe nichts gegen BDSM – aber ich mag es nicht, wenn mir ein zu Macht gekommener Sadist mit Hilfe der politischen Polizei und Fahndungsorganen nachstellt. Das ist pervers.

Praktiziere geschmackvollen BDSM.

Und dann verließen wir unser Haus im Moskauer Umland. Man darf nicht zu lange an einem Ort bleiben, wenn man auf der Flucht ist. Wir packten unsere Sachen zusammen und machten uns auf nach Moskau. In der Großstadt taucht man leichter unter.

In der Stadt kauften wir einen Schwung billiger Handys und neue SIM-Karten, um in Kontakt zu bleiben. Unsere alten Telefone hatten wir längst auseinandergenommen und lahmgelegt. Wir beschlossen, dass Pochljobka, Kater und ich uns auf verschiedene Wohnungen verteilen würden, um nicht zusammen geschnappt zu werden.

Wir machten es uns zur Regel, auch unsere neuen Mobiltelefone erst ab einer Entfernung von fünf Metrostationen zu unserem aktuellen Versteck einzuschalten. Das Internet dort zu benutzen, wo wir übernachteten, war ebenfalls verboten. Um im Netz zu arbeiten, saßen wir tagsüber in Cafés mit WLAN-Zugang und wechselten jede Stunde das Lokal: Für den Fall, dass die Fahndung unseren Aufenthaltsort über IP-Adressen ermittelte und ein Polizeiaufgebot losschickte, wären wir schon woanders.

87.

Sprich, halte Reden, schreibe Texte bis zum Letzten. Denn es gibt nur einen Weg, dieses ungleiche Duell zu gewinnen: durch Denken, Fühlen und Aufrichtigkeit. Klingt selbstsicher. Aber was bleibt dir außer Selbstsicherheit, wenn du dich mit 22 Jahren plötzlich in Opposition zum staatlichen Machtblock wiederfindest, der schon ganz andere mal eben zu Pulver verarbeitet hat?

Auf unserer Flucht vor der Verhaftung gaben wir per Skype Interviews aus öffentlichen Toiletten. Gingen zu dritt rein, verriegelten die Tür, stellten den Computer auf die Kloschüssel.

»Sagen Sie, was ist Ihnen wichtiger: Politik oder Kunst?«

»Wie wichtig ist Ihnen die Tradition des Punk-Rock?«

»Wer inspiriert Sie?«

Die Café-Security hämmert gegen die Klotür, weil wir zu dritt reingegangen und seit einer halben Stunde nicht mehr rausgekommen sind. »Könnten Sie die Musik leiser stellen und nicht so laut klopfen, ich kann Sie kaum verstehen«, beschwert sich der Reporter.

Klar. Sofort. Wir schalten nur kurz die Security aus.

Das Hämmern wird lauter.

»Nee, oder?«, sage ich genervt, als man uns einfach das Licht in der Toilette abdreht. Wir packen unsere Masken zusammen und klettern raus zu den Wachmännern im Café.

Mit einem Satz ist eine Kellnerin zur Stelle und sieht uns an.

Das war's dann also, denke ich. Sie hat uns erkannt und ruft jetzt die Bullen.

»Sie haben da was in der Toilette vergessen.« Sie streckt uns eine bunte Strickmütze mit Schlitzen für Augen und Mund entgegen.

Konspirateure.

88.

»Der Knast drängte sich die ganze Zeit ins Bewusstsein: durch die Tuberkulose, Verhaftungen im Freundeskreis, die Gefahr, wieder reinzukommen. Er war präsent in Gedanken, klang an in Strophen, erschien nachts in Träumen. Ich habe keine Angst davor. Aber es ist, als wäre ein Stück meiner Seele dort geblieben, das nun durch die Durchgangslager irrt und auf eine Wiedervereinigung wartet. Wie es aussieht, bleibst du auch in Freiheit aufs Engste mit dem Knast verbunden. Den Knast wirst du nicht los.«

(Alexander Podrabinek, Menschenrechtler und Dissident)

Wenn du den Knast schon nicht loswirst, dann schöpfe aus ihm – nimm dir wütende Hartnäckigkeit und Erfahrung mit.

Die Nacht verbrachten wir bei einer Freundin von Mascha Aljochina, frühmorgens verließen wir wieder das Haus. Eine Stunde später tauchte ein Bezirksbulle bei Maschas Freundin auf und verhörte sie, wer in der Wohnung wohne. Die Kripo saß uns im Nacken, unser Vorsprung wurde immer kleiner, der Moment des Zusammentreffens schien nur noch eine Frage von Stunden. Wir wussten nicht, wo wir noch hinkonnten.

Ich rief auf gut Glück den Journalisten Nikolai Chramow an und bat ihn, einen Unterschlupf für uns zu finden. Bis dahin hatte ich vielleicht dreimal mit ihm gesprochen. Aber unsere sonstigen Kontakte waren ausgeschöpft.

»Unterschlupf … Ich weiß nicht, lasst mich mal überlegen.« Chramow überlegte. »Wollt ihr vielleicht zu Podrabinek?«

»Ist das dein Ernst?«

»Ja, warum nicht.«

»Klingt großartig!«

So fanden wir uns zu Hause bei Alexander Podrabinek wieder. Podrabinek, ein erfahrener Dissident, war von 1978 bis 1981 wegen »Diffamierung des Sowjetsystems« in der Verbannung, und von 1981 bis 1984 verbüßte er eine Haftstrafe in einem Besserungsarbeitslager, weil er Artikel für die ausländische Presse verfasst und Samisdat-Literatur verbreitet hatte. Er hatte ein Buch geschrieben über die Strafpsychiatrie in der UdSSR: Andersdenkenden verpasste man in psychiatrischen Kliniken eine eigens für sie erfundene Diagnose – *schleichende Schizophrenie*.
Wir verließen Podrabinek am nächsten Morgen als neue Menschen. Uns war klar geworden, dass man erstens irgendwann aus dem Knast rauskommt, dass einen zweitens Humor überall rettet – auch im Gefängnis – und dass drittens der Knast den Menschen und seinen Willen nicht zwangsläufig bricht; alles hängt von der Selbstdisziplin ab.

89.

Die Menschen sind nicht bereit, mit voller Wucht zu leben, schön zu leben, so, als lebte man nur einmal, das letzte Mal. Sie verhalten sich, als hätten sie noch rund 500 Jahre zur Verfügung.

Du hast keine 500 Jahre. Lebe mit voller Wucht.

Unsere letzte Nacht in Freiheit war königlich. Der Besitzer einer prachtvollen Wohnung mit drei Bädern, vier Schlafzimmern und Whirlpool hatte sich bereit erklärt, uns aufzunehmen. Noch nie zuvor hatte ich in einer dermaßen luxuriösen Wohnung übernachtet. Geschafft von einem langen Tag voller rucksackschwerer Märsche durch die Stadt, konfiszierten wir beim Gastgeber eine Flasche Whiskey und ließen sie rumgehen. Mascha kochte Nudeln und Brokkoli, Petja briet Frikadellen. Zum Schreiben fehlte mir die Kraft. Wir fanden Kerzen, zündeten sie an, löschten das Licht und sanken in den Whirlpool. Mascha trug Gedichte vor. Katja und ich glaubten nicht an Inspiration und Genie, Mascha schon, und wir konnten uns stundenlang darüber streiten. Aber in dieser Nacht zogen wir es vor, nicht zu streiten, wir hörten Mascha lieber zu. Mascha zitierte Schisch Brjanski.

Ich weiß, ich werd in der Hölle schmoren
Ein verdienter Mann der Kunst.
Man wird mir 'ne goldene Flöte geben
Und setzt mich damit untern Rosenbusch.
Und wenn nun der Teufel, der Hausherr hier,
Mich anfährt, von wegen: »Dein Flöten ist Dreck!«,
Steigt Gott herab und sagt: »Schisch gehört mir,
Nimm bloß deine Finger weg!«

Als ich morgens aufwachte, verbrachte ich noch mal vier Stunden im Whirlpool, kippte dann alle Parfüms, Cremes, Döschen und Mittelchen über mir aus, die ich in diesem Prachthaus fand, malte mir zum ersten Mal im Leben die Nägel an Händen und Füßen knallrot an, schminkte mich lange, machte mir eine Frisur und steckte mir ein weißes Band mit blauen Punkten ins Haar.
Für gewöhnlich verschwende ich auf mein Äußeres keine zehn Minuten, aber am 3. März 2012 ließ ich mir ganze vier Stunden Zeit. Ich schüttete Milch über die restlichen Nudeln und aß sie, putzte meine Schuhe, knöpfte meine saubere, nagelneue Daunenjacke in hellem Waldgrün zu und trat gemeinsam mit Pet-

ja auf die Straße, um ein Geschenk für Gera zu besorgen: Am nächsten Tag, dem 4. März, hatte sie Geburtstag.
In diesem Aufzug fuhr ich in die U-Haft ein, denn am 3. März wurde ich verhaftet.

90.

Haft ist eine beinahe religiöse Erfahrung. Im normalen Leben ereignen sich selten Dinge, die wie ein dicker Strich alle deine Pläne und Hoffnungen durchkreuzen. Im Moment der Festnahme aber wirst du auf einen Schlag, als würde ein Schalter umgelegt, der egozentrischen Gewissheit beraubt, du könntest die Welt kontrollieren. Und auf einmal stehst du alleine einem grenzenlosen Ozean der Ungewissheit gegenüber. Nur Gelassenheit, ein Lächeln und innere Gewissheit können dir helfen, diesen Ozean zu überqueren.

Man sagt uns nicht, weshalb wir festgenommen werden. Und ich frage auch nicht. Ist auch ohne Worte klar. Eine gewöhnliche Strafsache. Gewöhnliche Festnahme. Gewöhnlicher Transport. Gewöhnliche Durchsuchung. Schlüssel, Handys, Notizblock, Pass – alles konfisziert.
»Ihr habt euch echt gut versteckt.« Nach allen notwendigen Formalitäten sitzen wir mit dem Fahnder Witali im Flur der Polizeiwache. »Wir haben uns ziemlich den Arsch aufgerissen. Nicht übel.«
»Und wie habt ihr uns gefunden?«
»Sag ich nicht.«
»Computer? IP-Adresse? Skype?«
Er grinst nur. Ich würde meine Seele hergeben für ein paar Monate Mitarbeit in ihrem Büro – im sogenannten Extremis-

musabwehrzentrum. Wie ermitteln sie die Politischen? Wie funktioniert die Verfolgung? Woher bekommen sie Informationen?
Vor dem Fenster ein Straßenbahndepot. Die Züge kehren quietschend und die Spuren wechselnd in ihr Zuhause zurück.
»Die fahren schlafen«, sagt Petja.

Um 4:07 Uhr mein erstes Verhör. Ich verweigere die Aussage. Eine Stunde später werde ich zur Isolationshaft in die Petrowka 38 gebracht. Durch die Petrowka wird man grundsätzlich nur in Handschellen und in Begleitung von Aufsehern geführt. Schnürsenkel, Schal, Bücher, BH, das gepunktete Haarband – alles verboten. Alles wird mir abgenommen.
Eine Bullenblondine befiehlt mir, mich nackt auszuziehen, die Beine breitzumachen, mich zu bücken und mit den Händen meine Pobacken auseinanderzuziehen.
»Und zackig, wir sind hier nicht im Kindergarten«, bemerkt die brünette Partnerin meiner Blondine.
Ich schreibe eine Erklärung über den Eintritt in einen fristlosen Hungerstreik.

91.

O Russland, geheiligte, kostbare Erde,
O Russland, Dir sei unsre Liebe geweiht.
Aus mächtigem Willen erwachse und werde
Ein ruhmreicher Staat für ewige Zeit!

Ruhm gebührt Dir, freies Vaterland!
Brüderlich der Völker Bund entstand,
Der seit Jahrhunderten eint Tatkraft und Geist,
Von den Ahnen fest geknüpft das Band,

Von uns Heutigen mit Stolz bekannt:
Heimat, die Ruhm uns und Ehre verheißt!
(Hymne Russlands, Lautsprecher des Gefängnisses in der Petrowka, sechs Uhr morgens)

Ich versuche, mich in meiner warmen Daunenjacke auf dem Tisch im Korridor einzurollen und einzuschlafen. Ich habe Hunger. Nichts gegessen seit den Milchnudeln am Morgen. Aber ich beschließe, dass ich nichts essen werde, dass ich in den Hungerstreik trete.
Ich hatte doch noch so viel vor. Habe so viele Ideen. Was macht ihr denn jetzt ohne mich? Wann werde ich wohl zurückkommen? Werde ich überhaupt zurückkommen? Für mein Alter habe ich so wenig erreicht. Wenn ich gewusst hätte, dass man mich mit 22 hinter Gitter stecken würde … Sind im Gefängnis Kopfschmerztabletten erlaubt? Ich brauche welche, jeden Tag. Und … und ich bin noch nicht fertig mit meinem Text. Morgen hat Gera Geburtstag. Was wird sie denken? Wo bin ich? Wir haben immer noch kein Geschenk gekauft. Was passiert, wenn jemand eingesperrt wird? Für die anderen ist es, als wäre man gestorben, oder?

92.
»Endlich bin ich allein. Allein und in einer Gefängniszelle. In einer Gefängniszelle, durch die so viele der besten Leute Russlands gegangen sind. Ich habe mich sogar für unwürdig gehalten, ins Gefängnis gesperrt zu werden.«
(Jekaterina Olizkaja, sozialistische Revolutionärin, in ihren Memoiren)

Deine erste Zelle verschafft dir Erleichterung. Endlich keine Bullen, keine Ermittler um dich herum. Keine Fragen mehr. Nur du und die Wand dir gegenüber.

———

»Gibt's hier vielleicht jemanden, der meine Kloschüssel putzen will?«, hämmere ich gegen die Tür.
»Wir sind hier nicht im Erholungsheim, bei uns ist Selbstbedienung«, antwortet die Tür nach einer Weile.
Der staatliche Sender *Radio Rossii*, das einzige verfügbare Medium im Untersuchungsgefängnis, verkündet unterdessen, dass Putin bei den Präsidentschaftswahlen vorne liegt.
»Die Mitglieder der Skandalgruppe Pussy Riot, die in der Christ-Erlöser-Kathedrale die öffentliche Ordnung gestört hatten, konnten gefasst werden und befinden sich in Untersuchungshaft. Die Ermittlungen laufen«, informiert das Radio.
»Vielen Dank für die Neuigkeiten, Arschloch, hätten wir auch ohne dich gewusst«, sage ich zum Empfangsgerät, auf der Pritsche vor Kälte fröstelnd.

93.

»Die Aktionen von Pussy Riot – sie haben etwas Niedliches, Kindliches, und diese anarchistische, kindliche Freiheit, die Freiheit eines herzigen Übermuts, eines närrischen und durchgeknallten Propheten ist in Wirklichkeit etwas, das Russland dringend braucht. Nur dass Russland das nicht versteht. Nadjas Tochter Gera sagt zu mir: ›Andrej, lass uns das gucken, wo Mama wie ein Hase macht.‹ Das ist etwa in der Mitte des Videoclips zu ›Muttergottes, jage Putin weg‹. Nachdem Nadja, auf der Solea kniend, sich bekreuzigt hat, kommt ein Wachmann auf sie zu, will sie mit seinen Händen ›packen‹, aber sie windet sich

sehr geschickt und mädchenhaft aus seinem Griff und rennt los, ›wie ein Hase‹, die Hände ›wie Pfoten‹. Und Gera zeigt, wie Mama das macht.«
(mein Vater Andrej Tolokonnikow)

Bewahre dir deine anarchistische, kindliche Freiheit, wohin es dich auch verschlägt: Bewahre sie dir in Gefangenenwaggons, in staubigen Durchgangszellen, auf metallenen Pritschen.

»Kamm, Duschlotion, Schwamm. Zwei Hosen – eine dünne und eine warme. Die Hose, die ich bekommen habe, war unbequem. Ich brauche eine aus Baumwolle. Eine Tasche für den Transport von Sachen. Meine Hausschuhe, die weißen Schlappen.«
(Liste der Dinge, die ich brauchte, übermittelt durch den Rechtsanwalt)

»Das Mandelduschgel duftet nach einer anderen Welt. Durchdringender haben nur die Feuchttücher geduftet, die mir am 6. März während meines Hungerstreiks in der kahlen, nach Scheißkübel stinkenden Einzelzelle der Isolationshaft übergeben wurden. Allein der seifig hygienische Geruch nährte mich an diesem Ort, wo man sich untenrum aus einer Flasche wäscht, indem man die Beine über einem Loch im Boden breitmacht. Die Hausschuhe wurden mir zusammen mit Grapefruit- und Apfelspalten übergeben. Hausschuhe ganz in Weiß, die orangefarbenen Ziffern sind längst abgefallen.«
(Notiz, übermittelt durch den Rechtsanwalt nach dem Empfang der Sendung)

94.

»Offen gestanden halte ich Putin für jemanden, der Russland in einer schwierigen Stunde vom Schicksal und von Gott gesandt wurde, um unserer großen gemeinsamen Nation willen.«

(Wladislaw Surkow, rechte Hand des Präsidenten der Russischen Föderation)

Es gibt Menschen, die einfach Glück haben im Leben. Einer von ihnen ist der Dealer meiner Bekannten. Er dealt mit Pilzen. Und er kann es sich leisten, nicht nach neuen Kunden zu suchen, denn er hat einen Großabnehmer – Wladislaw Jurjewitsch Surkow, einen der engsten Berater Putins. Möge das Glück dir so hold sein wie dem Dealer Surkows.

Der Blutdruck wird mit jedem Tag des Hungerstreiks niedriger, und alle Krankheiten, die man überhaupt hat, kommen zum Vorschein. Meine Kopfschmerzen sind so stark, dass ich schließlich Schwierigkeiten habe, vom Bett aufzustehen. Wenn ich am dritten Tag des Hungerstreiks noch Laufen gegangen bin und im betonierten Freizeithof Liegestütze gemacht habe, so fällt mir am neunten Tag schon das Gehen schwer, ich habe stechende Schmerzen in Hals und Magen, zum ersten Mal im Leben spüre ich meine Nieren, weil auch die schmerzen. Meine Haut ist ausgetrocknet, meine Lippen sind rissig.

95.

»Das russische Staatssystem – eine Extrapolation des Knastsystems – hat Angst vor dem Lachen. Die Staatsbeamten haben uns aus Angst vor Veralberung eingesperrt, nun bläuen mir die

gleichen Beamten, nur mit etwas kleineren Sternchen, hier in der Kolonie beständig ein, dass ›das hier eine ernste Einrichtung‹ sei.«
(Brief aus der Strafkolonie an Mascha Aljochina, 19. Juli 2013)

Protestiere lächelnd.

Nach der Festnahme von Pussy Riot tauchte im Netz eine Petition auf mit der Bitte an den Patriarchen, Barmherzigkeit zu zeigen und sich für die Inhaftierten einzusetzen. Verfasst wurde sie von der Sprecherin der Stiftung *Wera (Glaube)*, Lidija Moniawa. Unter den Unterzeichnern waren viele Geistliche, vor allem aus den Regionen – Irkutsk, Nowgorod, Nowosibirsk; auch Hochwürden aus Gemeinden außerhalb Russlands, z. B. Los Angeles und Dublin, hatten den Text unterzeichnet. Moskau war ebenfalls vertreten. Die russisch-orthodoxe Kirche reagierte auf die Petition nicht.

96.

Es heißt, das Gefängnis würde haltbar machen. Konservieren. Manche Insassinnen versicherten mir: Wenn man mit zwanzig reinkommt und mit dreißig raus, sieht man immer noch aus wie zwanzig. Ich weiß nicht, das mag vielleicht irgendjemanden trösten. Mein Ding sind solche kosmetischen Rezepte jedenfalls nicht. Meine ersten grauen Haare verzeichnete ich 2012 in der Moskauer Untersuchungshaftanstalt, in meine Stirn hatten sich männliche Falten gefressen – meine erste Antwort auf alles waren damals hochgezogene Augenbrauen.
Graues Haar, Falten und Narben zieren nicht nur den Mann,

sondern auch die Frau. Sei stolz auf deine Falten – du hast sie dir hart erarbeitet.

Im März ist es kalt in der U-Haft. Wir lassen unsere Jacken Tag und Nacht angezogen. Nachts sind es höchstens 10 Grad Celsius. Die staatseigene Decke – ein abgenutztes Stück Flanell. Beim Schlafen rutscht man in die Lücken zwischen den Eisenstangen, auf denen die skandalös dünnen Matratzen liegen. Erst später, Monat für Monat, deckt sich der Häftling mit nützlichem Gerümpel ein: Der eine schiebt Zeitungen unter die Matratze, damit es weniger weh tut, der andere besorgt sich eine dickere Matratze.

Gleichzeitig ist das Frauenuntersuchungsgefängnis Nr. 6 ein Ort von magischer, böser Schönheit. Ein altes Backsteingebäude, das als hermetisches Rechteck einen riesigen Hof in seinem Inneren einschließt, wo in einem nach Sektoren aufgeteilten Betonpavillon Verdächtige, Beschuldigte und Verurteilte Ausgang haben.

Neuankömmlinge werden in ein düsteres Zimmer mit dunkelgrünen Wänden und alten staubigen Flutern gebracht. Irgendwo hinten sitzt eine Frau – schwer zu sagen, ob sie jung oder vielleicht schon an die vierzig ist, denn der dumpfe, abgrundtief müde Ausdruck in ihrem Gesicht würde selbst eine 18-Jährige alt erscheinen lassen. Sie teilt mir eine Matratze zu und fragt, ob ich mich waschen will.

»Hier???« Ich starre den kalten, dunklen und feuchten Raum an.

»Hier.«

»Nein, danke. Ich glaube, ich muss mich nicht waschen.«

Die Frau ist – wie alle, die hier kochen, Essen austragen, Bettwäsche waschen und Wasserhähne reparieren – eine Insassin,

die nach der Verurteilung im Untersuchungsgefängnis geblieben ist, um hier ihre Haftstrafe abzubüßen. Die anderen, die nach der Verurteilung nicht im Untersuchungsgefängnis bleiben, kommen zum Absitzen ihrer Strafe ins Lager.
Die Matratze im Arm, steigen wir schwankend ins zweite Stockwerk. Der Treppenaufgang ist in eine halbrunde Ziegelsteinwand gefasst, verziert mit schmalen Fenstern aus dickem undurchsichtigem Glas.

97.
Nach meiner Freilassung ist mir etwas klar geworden: Während meiner Zeit im Lager habe ich eine für das Verstehen der Mentalität russischer Beamter wichtige Fähigkeit erlernt: das Imitieren von Pflichterfüllung. Ich habe gelernt, Kaffee zu trinken, während alle um mich herum denken, ich würde Spülbecken wischen. Ich habe gelernt, mit den Häftlingen Verhandlungen über Korruption in der Kolonie zu führen, während alle fest davon überzeugt sind, wir würden den Kasernenhof fegen. Ich habe gelernt, weltmännisch durch die Kolonie zu spazieren – aber so, dass alle denken, ich würde Ziegelsteine schleppen.

Manchmal muss man für eine gewisse Zeit in die Haut seines Gegenspielers schlüpfen, um ihn besser zu verstehen und seinen Sturz auf diese Weise wahrscheinlicher werden zu lassen.

Ein paar Tage nach unserer Verhaftung, am 7. März 2012, äußerte sich Wladimir Putin über seinen Pressesprecher erstmals zu unserer Aktion: »Wir haben es hier sehr wahrscheinlich mit einer komplexen juristischen Gemengelage zu tun: Verstoß

gegen die Rechtsordnung, gegen religiöse und konfessionelle Normen, Verletzung der Gefühle von Gläubigen und so weiter. Darüber kann, ohne Frage, nur ein Gericht entscheiden.«
Wem innerhalb einer Minute etwas Zynischeres einfällt als die Anrufung des Gerichts in einem Land, in dem die Unabhängigkeit der Justiz über Jahre konsequent und programmatisch zerstört wurde, der bekommt ein Bonbon von mir.

98.
Sei der Flügelschlag eines Schmetterlings, der das Unvorstellbare hervorbringt. Niemand hat versprochen, das Unvorstellbare würde dem Paradies gleichen. Höchstwahrscheinlich wird es mit nichts zu vergleichen sein.

Am 23. April 2012 versuchte der Moskauer Andrej Borodin, die Richterin des Taganskер Gerichts Jelena Iwanowa mit einer Axt zu erschlagen: Er forderte die Freilassung der Pussy-Riot-Mitglieder. Die Axt hatte Borodin in einem Stapel Dokumente am Wachschutz vorbeigeschleust.
»Ich bedauere, dass es mir nicht gelungen ist, die Richterin Iwanowa zu töten. Die Richterin Iwanowa wirft unschuldige Menschen ins Gefängnis und verlängert ihre Haftstrafen«, sagte Andrej Borodin.

99.
»Rechtsfolgen sollte es durchaus geben, bestraft werden sollten sie, das schon. Aber wohl kaum mit realem Freiheitsentzug.«
(der russische Justizminister Alexander Konowalow über Pussy Riot, April 2012)

Der treueste Freund eines Knackis ist ein Lagerspruch aus der Sowjetzeit: »Glaube nicht, fürchte nicht, bitte nicht« (glaube der Administration und der Leitung nicht, fürchte sie nicht und bitte sie um nichts). Wenn wir jedem Bullen oder Beamten geglaubt hätten, der versprach, uns gehen zu lassen, wenn wir kooperierten und freiwillig aussagten, dann wären wir durch den Knast vernichtet worden, zerrieben.

Glaube nicht, fürchte nicht, bitte nicht.

Ich schätze Gefängnisbrot seit dem Moment, als ich zum ersten Mal nach dem Hungerstreik ein Stück zerkaut habe, zusammen mit dem Tee hier – süßem hellbraunem warmem Wasser.
Solschenizyn beschreibt, wie er jeden Tag akrobatische Übungen vollbringt, indem er sein Bettzeug glattzieht, während er mit den Füßen draufsteht. Ich mache es ihm nach.
Ich ziehe nicht straff genug: Die Lakenenden müssen so umgeschlagen werden, dass das schmutzig weiße Tuch mit dem grauen Stempel des Untersuchungsgefängnisses Nr. 6 perfekt anliegt, ohne ein einziges Fältchen.

100.
Sehr geehrter Patriarch!
Liebe bitte deinen Nächsten. Wie dich selbst. Teile deine Limousine mit deinem Nächsten, nimm einen Obdachlosen auf in einem deiner unzähligen Häuser. Und deine Luxuswohnung an den Patriarchenteichen spende bitte als Büro für Pussy Riot – wir haben gerade keines.

»Die zum Gebet für die Mitglieder von Pussy Riot Versammelten wurden nicht in die Christ-Erlöser-Kathedrale gelassen. Die Menschen wurden von OMON-Kräften in Empfang genommen, die Kirche war verschlossen.«
(Nachrichtenmeldung, 8. März 2012)

5
DAS JÜNGSTE GERICHT

101.
»Laut Verfassung sind Kirche und Staat bei uns selbstverständlich voneinander getrennt, doch in der Seele und unseren Gedanken gehören sie immer zusammen.«
(Wladimir Putin, Präsident der Russischen Föderation)

Für die Dummen ist kein Gesetz geschrieben.

Erzpriester Wsewolod Tschaplin, Vorsitzender der Pressestelle der russisch-orthodoxen Kirche, wurde gefragt, ob es nicht an der Zeit sei, Pussy Riot zu vergeben und aus dem Gefängnis zu entlassen.
»Vergebung seitens der Kirche kann stattfinden, wenn es Vergebung von Gott gibt. Doch das verlangt Reue«, antwortete Vater Wsewolod.
»Woher wissen Sie, ob der Herrgott ihnen verzeiht oder nicht?«
»Das weiß ich. Ich glaube, das offenbart mir Gott.«

102.
Aktivisten aus Nowosibirsk haben erreicht, dass Konzerte von Marilyn Manson abgesagt wurden, »da sie die Gotteslästerung unzumutbar fanden«.

Was hast du erreicht?

Das Gericht trat täglich zusammen: Wir standen um sechs Uhr morgens auf, um sieben wurden wir aus den Zellen geholt und kehrten dann nach den Sitzungen um zwölf oder ein Uhr nachts zurück. Die einzige Zeit, die uns für die Vorbereitung unserer Auftritte bei Gericht blieb, war nachts.
Am Morgen: Ich ziehe mir schwarze Jeans und das *No pasaran!*-T-Shirt an. Getrocknete Aprikosen, Nüsse, Möhren, Teebeutel, Äpfel, Feuchttücher, ein Buch, nachts vollgeschriebene Blätter mit Reden fürs Gericht – ich packe alles in eine Tasche. Die Eisentür der Zelle wird geöffnet: Sie sind gekommen, um mich zu holen. Ich fahre ins Gericht.

103.

Eine meiner Zellengenossinnen, eine ehemalige Ermittlerin, hatte während des Pussy-Riot-Prozesses die Offenbarung, dass eintreten werde, was der Apostel Johannes beschrieben habe, und Russland damit vom Putin'schen Elend gesäubert werde.
Keine schlechte Offenbarung, aber ich möchte nicht bis zur Apokalypse warten, um einen Beamten zu feuern, der mir nicht passt.

»Was ist für Sie Gott?«
Mit dieser Frage begann die Befragung der betroffenen Kerzenfrau Ljubow Sokologorodskaja im Chamowniki-Gericht.
»Sagen Sie bitte, sind Sie eine gläubige Orthodoxe?«, fragte Staatsanwalt Wassili Nikiforow, ein fülliger Mann von ungefähr dreißig Jahren, mit leiser Stimme.
»Ja, ich bin orthodoxe Christin«, antwortete Sokologorodskaja.

»Sagen Sie bitte, was bedeutet Ihrem Verständnis, dem Verständnis Ihres Glaubens nach Gott?«, fuhr der Staatsanwalt fort.

»Meinem Glauben nach ist Gott der Wesenskern von allem, wir alle sind nach Gottes Ebenbild geschaffen. Es ist meine tiefe Überzeugung, dass der Herrgott die Quelle aller Veränderung ist. Unserem orthodoxen Glauben nach liegt die Gnade Gottes im Sakrament der Buße von den Sünden, die wir begehen. Das ist das genaue Gegenteil von Selbstliebe. Das Sakrament der Buße bedeutet mit anderen Worten die Befreiung von allen Leidenschaften, mit denen wir verseucht sind.«

Der Gerichtswachhund, der bis dahin drei Stunden lang mit trauriger, gequälter Schnauze neben unserem Käfig gesessen hatte, spannte sich plötzlich an, krümmte sich leicht krampfend und kotzte schließlich in einem großen Schwall auf das Parkett des Gerichtssaals.

»Armes Hündchen«, bemerkte Mascha, Vegetarierin und Umweltaktivistin.

Die Polizeiwachen schielten vorwurfsvoll Richtung Hund, die Richterin stockte eine Sekunde, setzte dann aber gleich die Verhandlung fort. Im Saal waren hier und da Lacher zu hören. Den Rest des Prozesstages beobachteten wir den Hund mitleidig. Das Erbrochene wurde erst nach drei Stunden entfernt. Wer weiß, vielleicht hatte man darin ein Zeichen Gottes gesehen.

104.

Der selige Nikola Salos reichte dem grausamsten aller russischen Zaren, Iwan dem Schrecklichen, ein Stück rohes Fleisch.

»Ich bin Christ und esse während der Fastenzeit kein Fleisch«, antwortete Iwan trocken auf das ihm hingehaltene Stück Fleisch.

»Aber du trinkst Blut, Menschenblut«, antwortete ihm der Selige.

Sprich mit Diktatoren mutig, direkt und offen.

»›Ja, ich habe zusammen mit meinen Kollegen ein Gutachten über den Vorfall in der Christ-Erlöser-Kathedrale geschrieben‹, berichtet einer der Verfasser des psycholinguistischen Kriminalgutachtens, auf dem die Anklage gegen Pussy Riot beruht. ›Stellen Sie sich vor, etwas Ähnliches wäre unter Zar Iwan dem Schrecklichen geschehen. Was wäre dann? Die geköpften Leichen der Gotteslästerinnen hätte man den Hunden zum Fraß vorgeworfen. Grausam! Aber andererseits ist das, was in der Christ-Erlöser-Kathedrale geschehen ist, was die Schwere des Verbrechens angeht, im Grunde genommen weit furchtbarer als die grausame Strafe, die ich geschildert habe.‹«

(Wsewolod Troizki, Spezialist für russische Literaturgeschichte, in der Zeitung Rus derschawnaja [Großmächtige Rus] *vom 27. März 2012)*

105.

It's time to make a Pussy Riot.

»Ganz ruhig! Keine plötzlichen Bewegungen.«

Im bewachten Kellerraum bestürmen uns ein neuer, anderer Hund (nicht der, der gekotzt hat) und sein Herrchen, ein düsterer, sehniger Typ, der in gleichem Maße einem hirnlosen Helden aus einem Hollywood-Actionfilm ähnelt wie einem Pornodarsteller in der Rolle eines groben Kerls aus der Unterwelt. Der Hund bellt sich die Seele aus dem Leib und will sich auf uns stürzen. Der Wachmann stemmt sich mit seinen sehnigen Beinen dagegen und versucht, den Hund wegzuzerren. Der kriegt sich gar nicht mehr ein.

»Entschuldigen Sie, warum ist Ihr Hund denn so aufgeregt? Kann man ihn nicht irgendwie beruhigen?« Ich zucke zusammen.

»Nein«, antwortet unser einsilbiger unterirdischer Wachposten.

»Warum nicht?«

»Weil er auf Gefängnisgeruch abgerichtet ist.«

»Ich rieche überhaupt nicht nach Gefängnis!« Fast bin ich beleidigt. »Ich wasche mir die Haare und meine Sachen. Jeden zweiten Tag.«

»Alle im Gefängnis riechen so. Wir richten die Hunde auf diesen Gefängnisgeruch ab.«

Klasse. Jetzt werden selbst Hunde mich als minderwertig ansehen, weil ich im Gefängnis sitze.

106.

War der Prozess Teil der Aktion in der Christ-Erlöser-Kathedrale? Nein, der Prozess war eine andere Aktion, eine weitaus normengebundenere. Ohne Masken und Gehüpfe, dafür mit Reden und Argumenten.

Sie ließen uns vor Gericht auftreten wie Oratoren im alten Griechenland. Vor Gericht musst du Popkünstler sein.

»Offenherzige Menschen kann man leicht entwürdigen und zerstören, doch bin ich ›nicht mächtig, so bin ich stark‹. (…) Verzerren und verdrehen Sie unsere Worte nicht, und gestatten Sie uns, in den Dialog, in Kontakt zu treten mit diesem Land, das auch unseres ist und nicht nur das von Putin und dem Patriarchen. So wie Solschenizyn glaube ich daran, dass zu guter Letzt das Wort den Beton sprengen wird. Solschenizyn schrieb: ›… also ist das Wort aufrichtiger als Beton, also ist das Wort kein geringes Nichts, so beginnen edle Menschen zu wachsen, und ihr Wort wird den Beton sprengen.‹«

(aus meiner Schlusserklärung im Prozess gegen Pussy Riot am 8. August 2012)

107.

»Ja, die Pussy-Riot-Aktionen waren religionsfeindlich – aber nur in der Hinsicht, dass sie gegen das erste Gebot im heutigen Russland verstoßen haben: ›Du sollst den Namen Putins nicht missbrauchen.‹«

(Google-Gründer Sergey Brin)

Missbrauche ihn so oft wie möglich, diesen Namen, denn außer deiner Stimme hast du nichts. Keine Gefängnisse, keine Drohnen, keine ballistischen Raketen. Aber mit der Stimme kannst du sie zerstören, die Drohnen, die Gefängnisse, die Raketen.

Ein Priester, der sich bei Pussy Riot entschuldigen wollte, wurde seines Amtes enthoben.

Der Priester Dmitri Swerdlow, Vorsteher der Kirche zu Ehren der Heiligen Apostel Peter und Paul im Dorf Pawlowskoje bei Moskau, drückte seine Bereitschaft aus, die Pussy-Riot-Teilnehmerinnen um Verzeihung zu bitten für den »rasenden Hass«, den seinen Worten zufolge ein Teil der Gläubigen in Zusammenhang mit der Aktion der Punk-Band in der Christ-Erlöser-Kathedrale an den Tag gelegt hätten. Er erklärte außerdem, dass die verfahrenssichernden Ermittlungsmaßnahmen den Teilnehmerinnen der Gruppe gegenüber unangemessen seien.

108.

»Laut dem Glaubensbekenntnis hat Gott alles Sichtbare erschaffen, folglich auch Exkremente. Worte, die Unreinheit bedeuten, werden an und für sich im Laufe eines orthodoxen Gottesdienstes regelmäßig benutzt, zum Beispiel das Wort ›Erbrochenes‹.«

(aus einer Zeugenaussage der Verteidigung)

Bevor du in Russland eine Aktion startest, vergiss nicht zu klären, ob Gott Exkremente und Erbrochenes erschaffen hat (und wenn nicht, wer hat sie dann erschaffen?). Wenn du das nicht klärst, läufst du Gefahr, zwei Jährchen aufgebrummt zu bekommen.

»Euer Ehren, ich möchte auf die Toilette!« Ich halte es schließlich nicht mehr aus und erhebe mich stolz von der Anklagebank. Die Verhandlung läuft seit vier Stunden ohne Unterbrechung.

»Angeklagte Tolokonnikowa, Sie waren doch schon auf der Toilette!«, sagt die Richterin.

»Ich muss auch!« Mascha steht auf.

»Ich auch«, schließt sich Katja an. »Wenn Sie mich nicht auf Toilette lassen, muss ich mein Geschäft direkt hier verrichten. In diesem Ihrem Saal. Und dann können Sie später selber sehen, was Sie damit anstellen.«

»Gut.« Richterin Syrowa ist gezwungen einzuwilligen. »Ich verkünde eine fünfminütige Pause.«

»Aber«, die Richterin wendet sich an die Wachleute, »genau fünf Minuten, nur Toilette, kein Essen.«
An unseren Handgelenken klicken die Handschellen, und wir werden die Treppe hinuntergeführt – in die Kellerräume des Chamowniki-Gerichts. Ich war schon früher im Chamowniki-Gericht, auf der anderen Seite, auf der Seite der Freiheit. Im Jahr 2010 war ich mit meinem Vater zum Prozess gegen Michail Chodorkowski hier, der genau in demselben Saal verurteilt wurde, in dem wir zwei Jahre später sitzen, der in genau demselben Aquarium-Käfig gesessen hat, in dem wir nun unsere Tage verbringen.
Von hier aus, aus der Perspektive des Häftlings, sieht alles anders aus.

109.
»Ich bin überzeugt, dass mir, wie auch den anderen Mitgliedern meiner Kirche, eine göttliche Offenbarung zuteilwurde, und ich bin überzeugt, dass Gott verurteilt, was Pussy Riot getan hat. Die Reuelosigkeit bei dieser Tat bezeugt, dass diese Menschen für sich bewusst den Weg der Zerstörung des Christentums gewählt haben.
Ich bin überzeugt, dass diese Sünde sowohl in diesem Leben als auch im zukünftigen Leben bestraft wird. Mit dieser Aktion, mit dieser Sünde wurde gegen Gottes Gesetz verstoßen. Gegen das wichtigste Gesetz. ›Denn der Tod ist der Sünde Sold‹ (Römer 6, 23), ewiger Tod in der Hölle.«
(Erzpriester Wsewolod Tschaplin, Chef der Pressestelle der russisch-orthodoxen Kirche)

Das Christentum postuliert die Erbsünde und wir alle sollen von Geburt an Verantwortung dafür übernehmen, dass Eva und Adam vor zehntausend Jahren einen Apfel konsumiert haben. Dann kann man genauso gut weiterhin sündigen. Wir sind sowieso von Geburt an sündig.

Sündige.

»Eine Stunde später werden alle, die Gerichtsmitarbeiter eingeschlossen, auf die Straße gejagt: Es gab einen Anruf, dass sich im Gebäude eine Bombe befinde. Auf der Straße unterhalten sich die Zuschauer über Motilda Sigismundowna Iwaschtschenko. Jemand öffnet auf dem iPad ihre Website. Unter ›Interessen‹ finden sich abgehackte Köpfe, verbrannte Leichen, Nietzsche, Faschismus. Das Mädchen hat mit Aljochina studiert, kannte sie aber nicht persönlich – sie hatten nur manchmal mit denselben Leuten zu tun. Sie hatte gehört, wie Aljochina erzählte, dass sie in Läden klaut und das nicht für ein Verbrechen hält. Mit dieser sensationellen Enthüllung war Iwaschtschenko zum Ermittler gekommen; verblüffenderweise wurden ihre Aussagen in die Akte aufgenommen.
Auf der Straße stand sie neben mir, ein bescheidenes Mädchen mit Brille, ich wäre nie darauf gekommen, dass sie sich für abgehackte Köpfe interessiert. Schließlich wurden alle wieder reingelassen – keine Bombe gefunden. Später stellte sich heraus, dass man die Angeklagten während der Suche nicht aus dem Gebäude geführt hatte.«
(Journalist Andrej Loschak über den Pussy-Riot-Prozess)

110.
»Es tut weh, die Geschehnisse im Chamowniki-Gericht zu verfolgen, wo über Mascha, Nadja und Katja gerichtet wird. Das

Wort ›gerichtet‹ kann hier nur in dem Sinne verwendet werden, wie es die Inquisitoren im Mittelalter taten.«
(aus Michail Chodorkowskis Erklärung aus der Strafkolonie Nr. 7, Segescha, 6. August 2012)

God save the Inquisition?

Waschbecken gibt es auf der Häftlingstoilette im Chamowniki-Gericht nicht. Im Gefangenentransporter, in den Bewachungsräumen – überall ist alles mit einer ewigen Staubschicht bedeckt. Ich habe aus dem Untersuchungsgefängnis ein Stück rosa Seife und eine Zweiliterflasche Leitungswasser mit zur Verhandlung gebracht, um mir die Hände über dem Loch im Boden gründlich zu waschen, das uns als Toilette dient.
Der Bewachungsraum ist eine dunkle, modrige Einzelzelle. »Die Zeit wird kommen, da Michail Chodorkowski russischer Präsident wird und Platon Lebedew Premierminister. Herzlich, Ihre Ljudmilla« ist in die Wand geritzt. Ich sitze auf einer Holzpritsche und habe auf einer Ausgabe der Zeitung *Moskowski Komsomolez* mit einem Artikel von Stanislaw Belkowski über Chodorkowski mein Essen ausgebreitet: getrocknete Aprikosen, Nüsse und Gurken. Ich habe eine halbe Gurke und fünf Nüsse runtergeschluckt, als die Zellentür aufgeht und man mich zurück in den Verhandlungssaal führt.
Genau fünf Minuten, nur Toilette, kein Essen.

111.

Hochschuldiplome oder Beamtenposten bedeuten noch lange kein Gespür für den Zeitgeist oder kulturelle Kompetenz. Humor, Albernheit und Respektlosigkeit können auch zur Wahrheit führen. Die Wahrheit ist vielseitig, und Bewerber darum gibt es eine Menge. Sehr unterschiedliche. Unterschiedliche, aber gleichberechtigte.

I'm loving it.

»Ist das Wort Feminismus ein Schimpfwort?«, fragt Staatsanwalt Nikiforow die Geschädigte Sokologorskaja.
»In der Kirche – ja«, antwortet die Geschädigte.
Beim Anschauen des Videos wird dem Zeugen der Anklage Ugrik »körperlich übel«. »*Pussy Riot* bedeutet übersetzt ›eitriger Exzess‹«, erklärt er.
»Scheiß auf die Kultur, wir geh'n zur Prokuratur.« Die Richterin Syrowa liest einen Zettel aus dem Aktenmaterial vor.

112.
Sokrates hat gesagt: »Ihr mögt mich bestrafen, doch ich bleibe ehrlich vor mir, ehrlich vor meinem Gewissen.« Man hatte ihm vorgeschlagen, aus Athen zu flüchten. Er verzichtete.
Wenn du auf deine eigene Kultur verzichtest, wirst du impotent. Ich möchte nicht impotent sein. Wären während der Verhandlung FSBler zu mir gekommen und hätten gesagt: »Entweder verlässt du Russland oder du wanderst für zwei Jahre ins Lager«, hätte ich gesagt: »Ich bleibe.« Das ist unser Land. Warum sollten wir weggehen?

Geh nicht weg, wenn man es von dir verlangt. Gehe, wenn du es selbst willst und dazu bereit bist. Sonst folgt der Schmerz, die Enttäuschung des Exils.

»Das Schwierigste ist der Schlafmangel. Die Verhandlung läuft jeden Tag von morgens bis in die Nacht. Meine Hände zittern vor Müdigkeit, abends kriege ich Kopfschmerzen. Ich nehme jeden Tag drei starke Tabletten. Auf den Prozess müssen wir uns nachts vorbereiten. Wir flehen die Richterin an, uns wenigstens einen Tag freizugeben. Sie lehnt ab.«
(aus einem Interview mit mir während des Prozesses, August 2012)

»Wir werden jeden Tag ins Gericht gefahren. (…) Ohne Frühstück. (…) Sehr spät kommen wir zurück ins Untersuchungsgefängnis und können ungefähr vier Stunden schlafen. Mehr nicht. Bevor wir uns in den Gefängnistransporter setzen, wird unser Blutdruck gemessen. In den letzten Tagen hatte ich 90 zu 60, normalerweise habe ich 120 zu 80. (…) Wir werden im Gericht abgeliefert, dort verbringen wir jeden Tag zwölf Stunden. Zweimal täglich führt man uns für fünf Minuten zur Toilette. (…) Ich schaffe es nicht mal, die Instant-Kascha zu essen, die ich mir im Bewachungsraum mit heißem Wasser aufgieße. (…) Im Transporter ist es sehr heiß. Vom Gericht zum Untersuchungsgefängnis brauchen wir manchmal mehrere Stunden. Wir fahren nicht den direkten Weg zu unserem Gefängnis, sondern fahren am Moskauer Stadtgericht vorbei, ins Untersuchungsgefängnis *Matrosenruhe*, setzen dort Häftlinge ab und kommen erst sehr spät wieder in die U-Haft im Bezirk Petschatniki. So fahren wir manchmal drei bis vier Stunden durch die Gegend.«
(aus einem Interview mit Mascha Aljochina während des Prozesses, August 2012)

113.

»Ich versuche gar nicht, eine kürzere oder längere Haftstrafe für mich rauszuschlagen, mir ist wichtig, die Wahrheit zu sagen.

Mich verstellen, etwas verbergen, selbst wenn sie mich dafür kürzer oder vielleicht gar nicht einsperren, würde ich nicht.«
(aus einem Interview, das ich von einem Telefonautomaten im mordwinischen Lager aus gegeben habe, 20. März 2013)

Sei dir selbst treu. Staatsbeamten einen Treueeid schwören kannst du dann immer noch, und es bereuen auch. In schwierigen Situationen ist die Wahrheit – die Wahrheit in allen Details, die bis in die letzte Kleinigkeit dargelegte Wahrheit – der einfachste und gleichzeitig mächtigste Ausweg. Sei dir treu.

»Jede Erwähnung des Namens *Putin* ruft bei der Richterin und dem Staatsanwalt äußerst heftige Reaktionen hervor. Obwohl Fragen zu Putin unmittelbar mit dem Fall zusammenhängen. Denn alle Aktionen unserer Gruppe waren politisch. (…)
Wenn ich freikomme, werde ich etwas zu erzählen haben. Und wenn sie mich lange einsperren, werde ich auch etwas zu erzählen haben. Es ist sehr wichtig, all das zu erzählen.«
(Interview mit Mascha Aljochina während der Verhandlung, August 2012)

114.

»Es ist offensichtlich, dass sie sich in diesem Prozess nicht von ihren Ansichten distanzieren werden, und ich verstehe das – das System will sie brechen, sie müssen sich irgendwie wehren … Jede öffentliche Reue in diesem niederträchtigen Prozess wird als Sieg für Putin aufgefasst werden.«
(Vater Alexej Uminski, Vorsteher der Kirche zur Heiligen Dreieinigkeit in Chochly, am ersten Tag des Prozesses gegen Pussy Riot, August 2012)

Zerbrichst du, dann bist du nicht mehr da. Wiederaufzustehen, wenn du zerbrochen bist, wird nicht einfach – das erfordert echtes Heldentum. Aber du musst gar kein Held sein – stehe einfach zu dir, nimm deine Worte nicht zurück. Ganz einfach.

»Katja, Mascha und ich sitzen im Gefängnis, aber ich glaube nicht, dass wir eine Niederlage eingesteckt haben. So wie auch die Dissidenten, die in psychiatrischen Kliniken und Gefängnissen zugrunde gingen, keine Verlierer waren: Sie fällten damit ein Urteil über das Regime.

Die Kunst, ein Bild der Epoche zu erschaffen, kennt weder Sieger noch Verlierer. So blieben auch die Mitglieder der Künstlergruppe OBERIU bis zum Schluss wahrhaft unerklärbare und unverstandene Künstler. Sie fielen 1937 einer Säuberungsaktion zum Opfer. Bei Wwedenski heißt es: ›Das Unverständliche gefällt uns, das Unerklärbare ist unser Freund.‹ Laut dem offiziellen Totenschein starb Wwedenski am 20. Dezember 1941, die Todesursache ist unbekannt – vielleicht die Ruhr im Gefangenenwaggon, vielleicht die Kugel eines Wachmanns. Ort: irgendwo auf der Eisenbahnstrecke zwischen Woronesch und Kasan. Pussy Riot sind Wwedenskis Schülerinnen und Erben. Sein Prinzip des schlechten Reims ist uns vertraut. Er schrieb: ›Es kommt vor, dass mir zwei Reime einfallen, ein guter und ein schlechter, und ich wähle stets den schlechten, denn gerade der ist am Ende der richtige.‹ Das Unerklärbare ist unser Freund. Die Auslöschung der Oberiuten durch den völlig sinnlosen und durch nichts zu erklärenden Großen Terror war zugleich der Höhepunkt ihrer feingeistigen Aktivitäten, ihrer Suche nach Ideen am Rande der Sinnhaftigkeit. Mit ihrem Tod haben die Oberiuten unfreiwillig bewiesen, dass sie mit ihrer Wahrnehmung von Sinnlosigkeit und Alogik, die ihre Zeit prägten, sehr wohl richtig lagen. Dabei erhoben sie das Künstlerische in historische Dimensionen.

Der Preis dafür, die Geschichte mitzugestalten, ist immer unermesslich hoch für einen Menschen, für sein Leben, aber genau das macht den Reiz der menschlichen Existenz aus. Arm sein, aber viele bereichern, nichts haben, aber über viel verfügen. Die oberiutischen Dissidenten gelten als tot, aber sie leben. Sie wurden bestraft, aber sie sterben nicht.

Wisst ihr noch, wofür der junge Dostojewski zum Tode verurteilt wurde? Seine ganze Schuld bestand darin, dass er sich von sozialistischen Theorien hinreißen ließ und bei einer Versammlung des Freundeskreises der Freidenker, die sich freitags in der Wohnung Petraschewskis trafen, Werke von Fourier und George Sand rezitierte. An einem der letzten Freitage las er einen Brief von Belinski an Gogol vor, der nach Ansicht des Gerichts – Achtung! – vor ›unverschämten Ausdrücken gegen die orthodoxe Kirche und die obersten Machthaber‹ wimmelte. Nachdem die Vorbereitungen zur Hinrichtung getroffen und zehn furchtbare und von unfassbarer Angst erfüllte Minuten in Erwartung des Todes verstrichen waren, wurde Dostojewski verkündet, dass das Urteil in vier Jahre Zwangsarbeit und anschließendem Kriegsdienst umgewandelt worden sei.

Sokrates wurde beschuldigt, die Jugend durch seine philosophischen Gespräche zu verführen und die Götter Athens nicht anzuerkennen. Dabei stand Sokrates in Verbindung mit einer inneren göttlichen Stimme und war, wie er stets betonte, keinesfalls ein Gottesgegner. Aber wen interessierte das schon, wo Sokrates doch einflussreiche Bürger der Stadt mit seinem kritischen, dialektischen und vorurteilsfreien Denken empörte? Sokrates wurde zum Tode verurteilt, und nachdem er abgelehnt hatte zu fliehen, obwohl man es ihm vorschlug, trank er ruhigen Blutes den Schierlingsbecher und starb. (…)

Ich darf auch annehmen, dass sich alle noch gut daran erinnern, was einst die Juden zu Christus sagten: ›Um des guten Werkes willen steinigen wir dich nicht, sondern um der Gotteslästerung willen.‹ Und zu guter Letzt sollten wir nicht vergessen, wie Christus geschildert wurde: ›Er hat einen bösen Geist und ist von Sinnen.‹

Folgen Sie bitte einmal dem Gedanken, den Montaigne im 16. Jahrhundert in *Von der Erfahrung* formulierte: ›Jene Leute schätzen den Wert ihrer religiösen Spekulationen wohl allzu hoch ein, wenn sie um derentwillen einen Menschen bei lebendigem Leibe verbrennen lassen!‹

Ich nehme an, wenn Behörden, Zaren, Präsidenten, Premierminister, das Volk und Richter wirklich verstünden, was der Satz ›Ich habe Wohlgefallen an Barmherzigkeit und nicht am Opfer‹ bedeutet, so würden sie keine Unschuldigen verurteilen. Unsere Regierung ist schnell im Verurteilen, aber sie vergisst dabei die Barmherzigkeit.«

(aus meiner Schlusserklärung im Pussy-Riot-Prozess, 8. August 2012)

115.

»Arme kleine Kälbchen. So viele wichtige Papis sind bereit, für sie zu bürgen – richtig süß.«

(der russische Vizepremier Dmitri Rogosin über den offenen Brief zur Unterstützung von Pussy Riot, unterschrieben von über 100 Kulturschaffenden, darunter der Schauspieler Tschuplan Chamatowa, die Rockmusiker Boris Grebenschtschikow und Juri Schewtschuk sowie der Comedian Michail Schwanezki; 3. Juli 2012)

My misogynist and me.

»Schau sie dir an – armselig sind sie. (…)
Extravagantes Verhalten von Frauen entspricht nicht unserer Mentalität, und überhaupt widerspricht es der weiblichen Natur. Jetzt hat Gott sie bestraft.«

(Gennadi Onischtschenko, Leiter des Verbraucherschutzes, nach dem Urteil gegen Pussy Riot, 22. August 2012)

116.

»In den politischen Prozessen der Sowjetzeit gibt es ein surreales Element – gruselig und komisch zugleich: Dem Beschuldigten, dem Ermittler, dem Verteidiger, dem Staatsanwalt und dem Richter, allen ist völlig klar, dass alles, abgesehen von Details vielleicht, schon entschieden ist. Irgendetwas ändern können nur Reue oder Verrat, aber keinerlei juristische Beweise oder Nicht-Beweise des einen oder anderen Ereignisses. Trotzdem bemühen sich alle, die vorgeschriebenen juristischen Abläufe einzuhalten, als nähmen sie teil an einer merkwürdigen Parodie auf eine echte Ermittlung und einen echten Prozess.«

(Andrej Amalrik, sowjetischer Dissident und Publizist; zwei Mal inhaftiert, 1965 und 1970, war zuerst drei und dann vier Jahre in der Verbannung in Magadan)

»Ich bin angeklagt wegen Rowdytums, nicht wegen Gotteslästerung«, erklärt Mascha einem Betroffenen vor Gericht. »Wie soll ich Buße tun?«
»Sie sind doch getauft. Gehen Sie in die Kirche und beichten Sie. Oder veröffentlichen Sie einen Reuebrief im Internet«, antwortet der Geschädigte, der Altardiener der Christ-Erlöser-Kathedrale.

»Ich sitze im Gefängnis. Ich darf im Gefängnis nicht in die Kirche. Es gibt im Gefängnis auch keinen Internetzugang.«

117.
»Man kann alles aushalten. Nach meiner Freilassung werde ich eine politische Richtung einschlagen – sie wird mit Kunst verbunden sein, so wie früher. Ich bin jetzt reicher an Erfahrung, dafür möchte ich Putin danken.«
(aus einem Interview, das ich von einem Telefonautomaten im mordwinischen Lager aus gegeben habe, 20. März 2013)

Vergiss nicht, deinen Feinden für die dir erwiesenen Dienste zu danken.

»Mit jedem Tag glauben uns mehr Menschen und finden, dass unser Platz in Freiheit ist und nicht hinter Gittern. (…) Gefängnismitarbeiter, Häftlinge. (…) Wir sind allen Menschen dankbar, die sich in Freiheit für uns einsetzen. (…) Und ich weiß, dass gerade sehr, sehr viele orthodoxe Menschen für uns eintreten. Vor dem Gericht wird für die im Gefängnis sitzenden Mitglieder von Pussy Riot gebetet. (…)
Ich bin fasziniert, dass die Wahrheit tatsächlich über die Lüge siegt. Und obwohl wir physisch eingesperrt sind, sind wir freier als all die Menschen, die uns gegenüber auf der Seite der Anklage sitzen. Wir können alles sagen, was wir wollen, und wir sagen alles, was wir wollen. Doch die Menschen uns gegenüber sagen nur das, was die politische Zensur erlaubt. (…)
Ihre Lippen sind zugenäht. Leider sind sie bloß Marionetten. (…)
Statisches Denken und Wahrheitssuche sind immer Gegen-

sätze, und gegenwärtig sehen wir in diesem Prozess auf der einen Seite die, die versuchen, die Wahrheit zu finden, und auf der anderen die, die versuchen, Erstere an der Suche nach Wahrheit zu hindern. Der Mensch ist ein Wesen, das sich ständig irrt und niemals perfekt ist. Es sucht nach Weisheit und kann sie nicht besitzen; deshalb ist die Philosophie entstanden, und deshalb ist der Philosoph jemand, der die Weisheit liebt und nach ihr strebt, sie aber niemals besitzt. Das ist es, was ihn zum Handeln, zum Denken und Leben zwingt.

Und das ist es, was uns zwang, in die Christ-Erlöser-Kathedrale zu gehen. Ich denke, dass der christliche Glaube, so wie ich ihn bei meinem Studium des Alten und besonders des Neuen Testaments verstanden habe, die Suche nach Wahrheit unterstützt und eine ständige Überwindung des Selbst anstrebt, die Überwindung dessen, was man einmal war. Nicht umsonst war Christus bei den Prostituierten, er sagte, den Gestrauchelten müsse geholfen werden. ›Ich vergebe ihnen.‹ Aber irgendwie finde ich das in unserem Prozess nicht, der ja unter dem Banner des christlichen Glaubens steht. Ich habe den Eindruck, dass die Seite der Anklage das Christentum mit Füßen tritt. (…)

In diesem Prozess gibt es keine Sieger, Verlierer, Geschädigte, Angeklagte. Wir müssen letztlich einfach Kontakt finden und in einen Dialog treten, gemeinsam die Wahrheit suchen, gemeinsam Weisheit anstreben, gemeinsam Philosophen sein und nicht stigmatisieren und Menschen in Schubladen stecken. Schubladendenken ist das Letzte, was der Mensch braucht.«

(aus meiner Schlusserklärung im Pussy-Riot-Prozess, 8. August 2012)

118.

Im Leben derer, die wie Kinder an den Triumph der Wahrheit über die Lüge glauben und an gegenseitige Hilfe, die im

Einklang mit der Ökonomie des Gebens leben, wird immer dann, wenn es nötig ist, ein Wunder geschehen.

Come to life. Come to the gift economy.

Wir stehen in dem Käfig aus Plexiglas. Bezirksgericht in Chamowniki. August 2012. Heute müssen wir unsere Abschlusserklärungen vortragen. Wir haben zwei Stunden geschlafen, weil wir fast die ganze Nacht unsere Reden vorbereitet haben.
»Gerade ist Madonna bei ihrem Konzert in Sturmhaube aufgetreten, auf ihrem Rücken stand in schwarzen Lettern *Pussy Riot*«, sagt uns unser Anwalt.
Wir betrachten unsere Ankläger, und uns ist klar, dass ihr Spiel schon vorbei ist. Egal, ob sie uns mehrere Jahre in einem Straflager geben oder nicht.

119.

Ein Wort wie *bitch* oder *Miststück* handelt von Macht. Es wird mit Ehrfurcht oder Zorn ausgesprochen und bezieht sich auf Frauen, die sich ihr Bild von der Welt gemacht und entschieden haben, sich zu nehmen, was sie wollen. Das gilt allzu oft als etwas Schlechtes. Frauen werden dazu erzogen, anderen den Vortritt zu lassen. Also holen wir uns das Wort zurück.

»Ich danke jedem, der gerufen hat: ›Freiheit für Pussy Riot!‹ Wir sind jetzt alle beteiligt an einem großen und wichtigen politischen GESCHEHEN, und für das Putin'sche System wird es immer schwerer, seiner Herr zu werden. Wie auch immer das Urteil für Pussy Riot ausfallen wird, wir sind dabei,

einen Sieg zu erringen. (…) Pussy Riot ist glücklich, dass wir eine aufrichtige Bewegung entfachen konnten und dass eure politische Leidenschaft so stark war, dass sie Schranken aus Sprachen, Kulturen, Lebenswelten sowie wirtschaftlichen und politischen Status überwunden hat. Kant hätte gesagt, dass er keinen anderen Grund für dieses WUNDER sieht als das moralische Gesetz im Menschen. Danke euch für das WUNDER.«
(mein offener Brief einen Tag vor dem Urteil)

120.
»Trotz aller Beschuldigungen trefft ihr einen Nerv. Es mag den Anschein haben, dass die Menschen euch nicht folgen, doch insgeheim glauben sie euch, wissen sie, dass ihr die Wahrheit sagt oder, mehr noch, dass ihr für die Wahrheit steht.«
(Slavoj Žižek an mich, 2. Januar 2013)

Mehr Žižek bitte.

Am Tag vor der Verkündung des Pussy-Riot-Urteils wurde unsere Richterin Marina Syrowa unter persönlichen staatlichen Schutz gestellt.

121.
»Sie haben es bis vors Gericht geschafft, und das Gericht brummt ihnen zwei Jährchen auf. Ich habe damit nichts zu tun. Sie wollten es so, sie haben es bekommen.«
(Wladimir Putin, Präsident der RF)

Make the world a better place with two years in jail.

Während unser Urteil verlesen wurde …

Auf einem Balkon im zweiten Stock des Hauses gegenüber vom Gericht wurde das neue Pussy-Riot-Lied durch 100-Watt-Boxen geleitet: »Putin entfacht die Feuer der Revolution«.
In der Nähe des Gerichts kletterte die oppositionelle Aktivistin Tanja Romanowa auf den Zaun der türkischen Botschaft. Sie trug eine Sturmhaube. Mit »Wir vergessen nicht, wir verzeihen nicht«-Sprechchören wurde sie von der Menge unterstützt.
Auf dem gegenüberliegenden Gebäude tauchte ein riesiges Banner auf: *Gundjai und dein Klüngel, Scheiß des Herrn!* Orthodoxe stürzten zu dem Haus, um das Transparent herunterzureißen, aber die Oppositionellen hinderten sie daran, indem sie ihnen den Zugang versperrten.
Aus einem in der Nähe geparkten PKW ertönte Musik: Zwei Aktivistinnen, die sich in dem Auto verschanzt hatten, ließen in voller Lautstärke Pussy Riot laufen – zuerst den neuen Track »Putin entfacht die Feuer der Revolution« und dann das Punk-Gebet »Muttergottes, jage Putin weg«. Die Menschen umringten das Fahrzeug und stimmten ein.
Orthodoxe Aktivisten skandieren: »Alle Macht von Gott! Hexen auf den Scheiterhaufen!« In Kosakenkostümen Verkleidete versuchen das Feuer »für die Hexen« zu entfachen. »Die Pussys sollen im Käfig sitzen!«-Rufe ertönen, eine Schlägerei beginnt. Jemand wird mit Weihwasser übergossen. Ein anderer kriegt eins mit einer Ikone ins Gesicht. Ein paar Leute mit Geigen spielen irgendwas Klassisches vor einem Plakat mit der Aufschrift: »Pussy Riot ist Porno, das hier ist Musik!«
In Moskau wurde die Aktion *Sturmhaubenstadt* durchgeführt:

Statuen und Denkmälern wurden Sturmhauben aufgesetzt. Puschkin und Natalja Gontscharowa auf dem Arbat, Lomonossow bei der Moskauer Universität und den Partisanenköpfen an der Metrostation Belorusskaja.

In Paris wurde ein Denkmal für einen russischen Expeditionstrupp nach Frankreich als Pussy Riot stilisiert. Dem Offizier setzten sie eine gelbe Sturmhaube auf und zogen ihm ein rosa Minikleid an. Die Beine und Offiziersstiefel wurden grellblau bemalt, das Pferd lila. Das Maul des Pferdes wurde mit hellblauem Stoff überzogen, über den Rücken ein grüner Überwurf gelegt. Auf dem Sockel stand mit rosa Farbe geschrieben: »Free Pussy Riot.«

122.

Unmittelbar nachdem die Richterin des Chamowniki-Gerichts Marina Syrowa das Urteil im Pussy-Riot-Prozess verkündet hatte, stürzte der russische Rubel in den Keller: Die psychologisch wichtige Grenze von 32 Rubel zu 1 Dollar wurde überschritten.

Lass deine Revolte Panik an der Börse auslösen.

Alexej Kudrin, ehemaliger Vize-Premierminister und Ex-Finanzminister Russlands, der Vorsitzende des von ihm gegründeten Komitees für Bürgerinitiativen, erklärte, der Fall Pussy Riot habe die Verschmelzung von Staat und Kirche demonstriert, die Autorität der russisch-orthodoxen Kirche geschwächt und zur Radikalisierung der Stimmung im Volk beigetragen. »Dem Image unseres Landes und der Attraktivität für Investoren wurde enormer Schaden zugefügt«, so Kudrin.

TV-Moderatorin Tina Kandelaki: Millionen von Dollar aus den

Kassen der Steuerzahler, die man zur Verbesserung des Russland-Images im Ausland ausgegeben hat, wurden zum Fenster rausgeschmissen. »Unser Bild in den Augen der Welt nähert sich gerade dem einer mittelalterlichen Diktatur«, so Kandelaki. Michail Prochorow, russischer Unternehmer und Präsident des privaten Investmentfonds der Gruppe ONEKSIM: »Dass die Mädchen am Ende tatsächlich Haftstrafen bekommen haben, ist schlimm. Sogar sehr schlimm. Zum wiederholten Male fällt der Gesetzestext der politischen Konjunktur zum Opfer.«
Der deutsche Außenminister Guido Westerwelle sagte: »Das harte Urteil steht in meinen Augen in keinem Verhältnis zur Aktion der Musikgruppe.« Er sei »besorgt darüber, welche Auswirkungen die Strafe gegen die drei Musikerinnen für die Entwicklung und Freiheit der russischen Gesellschaft insgesamt« habe. Engagierte Bürger und Künstler und ihre Freiheit, sich zu artikulieren, sollten Teil jeder lebendigen demokratischen Gesellschaft sein, auch in Russland. Angela Merkel, das Außenministerium der Vereinigten Staaten, das schwedische Außenministerium, die Regierung Finnlands und die Hohe Vertreterin der EU, Catherine Ashton, kritisierten das Urteil ebenfalls.

123.

Die schlimmsten Dinge auf der Welt werden mit ernstem Gesicht gemacht. Ich habe Angst vor Menschen, die keinen Humor haben. Das ist auch das Furchtbare am Chamowniki-Gericht: Niemand außer den drei Angeklagten, die am Ende je zwei Jahre Lagerhaft bekommen haben, war fähig (oder traute sich?) zu lächeln oder gar zu lachen.

Hab die Dreistigkeit, laut zu lachen.

Nach dem Urteil fahren wir zurück ins Gefängnis mit einem Gefangenentransporter, der vollgestopft ist mit Kämpfern der Spezialeinheiten. Jede von uns ist mit Handschellen an ihrem persönlichen 120-Kilo-Mann mit Schulterklappen befestigt. Wir bilden das Zentrum eines Wagenkorsos aus Polizeiautos mit heulenden Blinkleuchten. Vor und hinter uns fahren Busse, in denen sich OMON-Männer drängen.
»Gasse bilden! Gasse bilden«, brüllt es aus dem Lautsprecher. Die Autos machen Platz, die Straße ist frei, wir fliegen durch Moskau. Die Stadt wird geräumt wie bei der Inauguration Putins.
»In der düstersten Region des Politischen bildet der Verurteilte die Gegengestalt des Königs«, heißt es bei Foucault *in Überwachen und Strafen.* »Das Gesicht und der Körper eines Despoten bzw. Gottes besitzen eine Art Gegenkörper – den Körper des Gemarterten oder besser, den Körper des Ausgeschlossenen«, so Deleuze und Guattari in *Kapitalismus und Schizophrenie.*

Einer aus der Einsatztruppe fängt meinen Blick auf und nickt in Richtung einer Wand des Gefangenentransporters. Ich schaue genauer hin: Da klebt ein Flugblatt.
Freiheit für Pussy Riot! Trennt Kirche und Staat!, fordert das Flugblatt.
Ich singe los:

Das Land geht, das Land geht
Auf die Straße frech und dreist.
Das Land geht, das Land geht
Sich verabschieden vom Regime.

»Wir hatten geplant, das in der Duma zu singen, aber dann haben sie uns gekrallt«, erkläre ich dem OMON-Mann.

»Ich bin übrigens auch gegen Popen«, er lächelt.
»Ich bin ja gar nicht gegen Popen, ich bin gegen Putin.«
»Na, gegen Putin bin ich auch.«
»Und was hast du dann bei den Organen verloren?«, frage ich.
»Ich schau mich um, was hier so läuft. Wenn die Zeit kommt, bin ich weg. Keine Panik, wir gehen schon noch auf die Straßen. Zusammen.«
Der OMON-Mann löst die Handschellen, und ich steige aus dem Gefangenentransporter.
Wir sind wieder im Gefängnis.

6
PRISON BREAK

124.

In der Stalin-Zeit drohte einem Häftling nach dreimaliger Arbeitsverweigerung der Tod durch Erschießen.
In unserer Zeit tritt man ihn einfach mit Füßen und sperrt ihn in eine eiskalte Einzelzelle: Dort soll er frieren, krank werden und langsam sterben.
Das Gefängnissystem ist nicht mehr mit einer Spritze zu heilen. Es braucht eine Explosion.

»Am Montag, dem 23. September, erkläre ich, dass ich in den Hungerstreik trete.
(…) Die Lagerverwaltung weigert sich, mich anzuhören. Aber von meinen Forderungen werde ich nicht abrücken, ich werde nicht schweigend dasitzen und mitansehen, wie Menschen wegen der sklavenartigen Lebensbedingungen in der Kolonie umfallen. Ich fordere die Achtung der Menschenrechte in der Kolonie, fordere die Achtung des Gesetzes im mordwinischen Lager. (…)
Ich erkläre den Hungerstreik und weigere mich, an der Sklavenarbeit im Lager teilzunehmen, bis die Kolonieleitung anfängt, die Gesetze zu befolgen und die verurteilten Frauen nicht wie aller Rechte beraubtes Nutzvieh der Bekleidungsindustrie zu behandeln, sondern wie Menschen.«
(mein offener Brief aus der Kolonie anlässlich des Hungerstreiks und der Arbeitsverweigerung in der Lagerfabrik, 23. September 2013)

(Aufführung)! – Brief (Textübernahme)

125.

Wie man sich auf den Knast vorbereitet:

1. Lerne, deine Notdurft in Anwesenheit von mehreren Dutzend Menschen zu verrichten: Einzelkabinen sind nicht vorgesehen.
2. Übe, ohne Messer Lebensmittel zu schneiden und Konservendosen zu öffnen.
3. Gewöhne dich daran, nicht die Musik zu hören, die du hören willst, sondern die, die nun mal läuft.
4. Schlafe ein halbes Jahr lang jede Nacht nur viereinhalb Stunden, um auf das zermürbende Arbeitspensum vorbereitet zu sein.
5. Schließe dich für eine Woche in einem kalten Raum ein: Bestrafung im Knast heißt, allein in eine dunkle eisige Zelle gesperrt zu werden.

Über die mordwinischen Lager wie jenes, in dem ich gelandet bin, kursieren unter den Gefangenen Legenden. Besonders harte Ordnung, besonders langer Arbeitstag, am lautesten zum Himmel schreiende Willkür. Zum Transport nach Mordwinien verabschieden sie dich wie zu einer Hinrichtung. Bis zuletzt hoffen sie: »Vielleicht musst du ja doch nicht nach Mordwinien? Vielleicht wirst du verschont?« Ich wurde nicht verschont.

Mordwinien – das ist eine Gegend der Sümpfe und Lager. Hier hält man Kühe und Gefangene. Die Kühe gebären Kälber und geben Milch, die Gefangenen nähen Dienstkleidung.

Ich habe zu tun mit Aufsehern in vierter und fünfter Generation. Die Menschen, die hier leben, bekommen mit der Muttermilch eingeflößt, dass die einzige Aufgabe eines Menschen darin besteht, den Willen eines anderen zu beugen.

Mein Mordwinien ist berühmt für die grausamsten Lager und

die fluffigsten Pfannkuchen. Die mordwinische Ordnung ist patriarchal und konservativ. Die Frauen tragen langes Haar, meistens in einem Zopf über die Schulter gelegt. Ihr Erfolg im Leben wird an der Qualität des Gatten und der Quantität der Kinder gemessen.

Ende der 1920er Jahre war man in Mordwinien dazu übergegangen, die Gefangenen aktiv zur Zwangsarbeit einzusetzen. Der mordwinische Lagerkomplex wurde zu jener Zeit errichtet, als Stalin die »Umschmiedung der sozial gefährlichen Elemente« angeordnet hatte. Es war vor Stalin, dass politische Gefangene sich mit Büchern beschäftigen, sich bilden und schreiben konnten. Mit Stalin veränderte sich alles schlagartig. Zwangsarbeit wurde zur wichtigsten Erziehungsmethode erklärt. Die Kennziffern der sowjetischen Planwirtschaft wurden um den Preis von Hunderttausenden Menschenleben erreicht – den Leben der Lagerinsassen.

Auch nach dem Tod Stalins 1953 blieb Mordwinien ein Ort, an den politische Gefangene zu schwerster Lagerarbeit geschickt wurden. In den Jahren 1961–1972 waren die mordwinischen Besserungsarbeitslager UdSSR-weit die einzigen, in die man politisch Verurteilte schickte, zum Beispiel solche, die wegen Verbreitung illegaler Literatur schuldig gesprochen wurden. Die Politgefangenen der mordwinischen Lager kämpften nicht um ihr Leben, sondern gegen den Tod. Sie standen lange, kollektive Hungerstreiks durch, forderten die Anerkennung ihres Status als politische Gefangene und die Befreiung der »Politischen« von erniedrigender, harter und erzwungener Arbeit. Sie hungerten für die Befreiung anderer Polithäftlinge.

Mordwinien empfing mich mit einer Erklärung des stellvertretenden Leiters meiner Kolonie: »Du solltest wissen: In politischen Fragen bin ich Stalinist.«

126.
»Ihr oberster Heiliger, Chef des KGB, / Führt die Demonstranten unter Wachschutz in die Zelle«, hatten wir acht Monate zuvor in der Christ-Erlöser-Kathedrale geschrien. Wir hätten lauter schreien sollen, mehr und öfter. Um noch mehr zu schaffen, bevor sie uns einbunkern. Bevor wir selbst unter Wachschutz abgeführt werden.

Schreie!

Ich habe zwei Jahre bekommen. Heute Nacht fahre ich vom Moskauer Gefängnis aus in die mordwinische Kolonie.
Ich werde ein paar Stunden im leeren Durchsuchungsraum sitzen und einen Schokoriegel nach dem anderen essen, dann, wenn sie mich abholen, werde ich meine Sachen greifen und in die Nacht springen. In die Finsternis. Ich werde einen letzten Blick auf das Untersuchungsgefängnis werfen und von der Eingangstreppe meines Gefängnisses durch die feuchte Herbstnacht in den Gefangenentransporter tauchen. Meine Zellengenossin, falls sie noch nicht schläft, wird dann gerade auf einem Eimer stehen und nach draußen schauen: Aus dem Fenster unserer Zelle kann man sehen, wie die Gefangenen in die Transporter geladen werden, um sie Hunderte und Aberhunderte von Kilometern wegzubringen – ihre Strafe abbüßen.
Wir sind am Bahnhof. Ich weiß: Wann immer ich mich nach meiner Freilassung an einem Bahnhof wiederfinde, werde ich mich fragen, ob irgendwo am hinteren Ende der Eisenbahngleise ein unscheinbarer Laster voller müder und aufgewühlter Menschen vorfährt. Menschen, die sich selbst und ihre Bündel aus dem Gefangenentransporter werfen, durch Regen und

Matsch am Waggon entlanggehen, gierig den Freiheit verströmenden Schlammgeruch aufsaugen, der sich mit dem von Teer vermischt, sich dann an den Haltegriffen hochziehen und in den Gefangenenwaggon klettern. Bahnsteige sind für Gefangene auf dieser Welt nicht vorgesehen.

Im Waggon für Häftlinge gibt es keine Matratzen, keine Kopfkissen, keine Decken. Nackte Pritschen und Gitter. Ich gebe die Decke, die ich mitgenommen habe, einer Mitreisenden – sie ist im neunten Monat schwanger – und steige auf die oberste Liege. Fenster gibt es im »Abteil« keine. Ich bitte die Begleitposten: Könnt ihr das Fenster im Durchgang aufmachen, wenigstens ein bisschen, ich will Moskau sehen, ein letztes Mal. Es wird geöffnet.

Graffiti. Hochhäuser. Schilder. Busse, Staus, ein verregneter Morgen. Wir lassen Moskau hinter uns.

In der Toilette des Gefangenenwaggons finde ich eine Ausgabe der *Nowaja Gaseta*. Und freue mich: Das ist ein Zeichen aus meiner Welt – die, aus der ich vor acht Monaten verschleppt wurde. Ich verstecke die Zeitung hinter meinem Rücken, damit der Begleitposten sie mir nicht wegnimmt, gehe zurück in mein Käfigabteil. Lese in der *Nowaja* einen Artikel über Aschurkow, einen ehemaligen Topmanager, Führungsmitglied der *Alfa Group*, der alles aufgegeben hat, um den Oppositionellen Nawalny bei seinen Ermittlungen gegen die Korruption zu unterstützen. Guter Typ, denke ich.

Einer der Wachleute kommt ans Gitter und flüstert. Fragt mich, ob ich ihm Liedtexte von Pussy Riot aufschreiben kann. Ich schreibe brav und notiere unten auf dem Blatt: »Geschrieben am 22. Oktober 2012 im Gefangenenwaggon unterwegs vom Untersuchungsgefängnis Nr. 6 nach Mordwinien«. Gebe es ihm.

»Hast du unterschrieben?«

»Nein. Wozu?«
»Unterschreib mal. Vielleicht wirst du ja berühmt, dann hab ich dein Autogramm.«
Die schwangere Mitreisende raucht Kette. Ich esse und gebe der Schwangeren was ab.

127.
Im Zug für den Gefangenentransport, dem »stolypinschen Waggon«, wird man nur zweimal täglich zur Toilette gebracht. Nimm für die Fahrt leere Mayonnaise-Eimer, Flaschen und Müllbeutel mit. Für den Fall, dass du öfter als zweimal musst.

»Und, war's nett, in der Kirche Sex zu haben?«, fragt mich unterwegs ein Aufseher.
»Sie bringen alles durcheinander, in der Kirche gab es keinen Sex.«
»Ist ja auch scheißegal, was du da gemacht hast. Hauptsache, du bist in die Geschichte eingegangen«, sagt er und geht.

128.
Die Ungewissheit in Gefangenschaft schreckt nicht so sehr, wie sie fasziniert, denn du kannst dir sicher sein: Schlimmer als jetzt wird es nicht. Es kann nur besser werden.

Zehn Stunden im Gefangenenwaggon – und wir sind in Mordwinien.
Dunkelheit. Stürmischer Wind. Feuchtigkeit. Sterne. Die dörfliche Luft ist frisch, klar und klirrend. Die Station ist von hohen

Bäumen umringt, kahl bereits – Herbst! – und erleuchtet vom weißen Licht des Mondes und der Lampen.
Am Zug werden die Gefangenen von einem Dutzend MPi-Schützen umzingelt. Hunde. Gebell.
»Stehenbleiben! Keine Bewegung!«
Zwei Meter von uns entfernt hockt, zu einem Knäuel zusammengekrümmt, ein dürrer Häftling in abgewetzter Kleidung und schwarzer Mütze, seine Hände sind über dem Kopf verschränkt. Die Mütze ist so tief gezogen, dass man sein Gesicht nicht sehen kann. Unter der Mütze nur Kleidung und ein Häufchen Mensch.
Besonders harte Ordnung.
Der Zug rollt an. Ich fange die neugierigen Blicke der an den Fenstern klebenden regulären Passagiere und Zugbegleiter ein. Fahrt, fahrt nur nach Tscheljabinsk. Nach Moskau oder Rjasan. Ich beneide euch nicht, vielmehr wünsche ich euch, dass ihr wenigstens für einen Tag eures Lebens die Welt und die Menschen einmal so sehr spürt, eine so feste Bindung zu jedem Wesen und allen Dingen, die euch begegnen, empfindet, wie ich es gerade tue.
Ich greife meine Taschen und die der Schwangeren, acht insgesamt, und steige, taumelnd unter dem Gewicht, mit Wachschutz über die Eisenbahnschienen. Als ich auf den Bahnsteig klettern will, falle ich hintenüber – zu viele Bündel voller Bücher, Papier und Kleidung. Zweiter Versuch. Ich bin oben. Und dann mit Anlauf in den Gefangenentransporter.
Ich mag es, wenn auf meinen Armen vor Anspannung die Venen anschwellen, dann sehen sie aus wie Männerarme. Die Knöchel an meinen Händen sind kräftig, durchaus männlich, besonders, wenn ich sie fest zur Faust balle. Als ich anfing zu boxen, wetzte die Haut an den Knöcheln ab und verwandelte sich in eine Reihe von Wunden – und nichts beglückte mich

mehr als diese bei lebendigem Leib abgezogene Haut, die ich beim Training wieder und wieder blutig schlug.
Ich bin »von Moskau«, wie sie hier in Mordwinien sagen, aber ich bin keine echte Moskowitin: Zehn Jahre habe ich im hohen Norden gelebt – ich bin überlebensfähiger als die von Moskau.
Am Aufnahmepunkt wird die Schwangere zur Durchsuchung geschickt und ich in das Zimmer der operativen Abteilung, »zum Gespräch«. Außer mir im Zimmer: drei Spürhunde – die operativen Mitarbeiter. Einer, nett grinsend, aber nicht sehr helle, wäre ganz ansehnlich, ein bisschen wie der junge Robert de Niro, wenn er nicht so gnadenlos schwer von Begriff wäre. Der zweite – schlaksig, offen und ironisch – ist allem Anschein nach denkfähig. Der dritte – ein blonder, blässlicher junger Tschekist. Ebenfalls begriffsstutzig.
Auf der Heizung hinter ihnen liegen Zeitungen.
»Darf ich eine?«, ich strecke die Hand aus und nehme sie mir, ohne die Antwort abzuwarten.
»Ähm, da ist nichts Interessantes, nur Sport und so«, stammeln die Operativen.
»Na wenigstens etwas, ich giere nach Information«, ich falte die Zeitung auseinander. »Pah! Ihr lest ja die *Nowaja Gaseta*! Ein Anti-Putin-Blatt, eieiei.«
Die Ausgabe ist von Anfang August 2012 – die Zeit unserer Prozesse. Ein Artikel von Lena Kostjutschenko über die Gerichtsverhandlung. Die Operativen haben sich auf unser Treffen vorbereitet. Brave Jungs.

129.

In eurer Knastbrühe entdeckt ihr einen Schweineschwanz. Und der Konservenfisch in der Suppe ist dermaßen ranzig, dass ihr danach drei Tage nicht aus dem Scheißen rauskommt.

Aber das ist noch keine Bewährungsprobe. Eine Bewährungsprobe ist es, sich etwas auszudenken, wie man die Gefängnisleitung dazu bringen könnte, das Geld für die Verpflegung der Gefangenen nicht in die eigene Tasche zu stecken, sondern in frische Lebensmittel. Das ist eine echte Aufgabe. Wenn du die löst, trinkst du Milch und beißt in frisches Weißbrot, wenn nicht, blühen dir ein paar Jahre mit vergammeltem Zeug.

Als unser achtköpfiger Gefangenentrupp frisch in die Quarantäne der Kolonie Nr. 14 eingeliefert wurde, fiel der Gefängnisarzt, Grigori Petrowitsch, in unsere Zelle ein und begann mit einem Verhör.

»Haste gesoffen?«, wandte er sich an meine neue Bekannte Tante Zoja, eine resolute Dorfbewohnerin um die fünfzig, die mich in der halben Stunde, die wir gemeinsam verbringen durften, mit ihrem derben Volksmund verzaubert hatte.

»Hä?!« Tante Zoja versuchte, sich taub zu stellen.

»Was hä, hä! Nix hä! Hast gekübelt, frag ich? Sprit getrunken?«

Da verstand sie, dass Widerstand zwecklos war. Und antwortete unbekümmert, als hätte sie sich nicht noch zehn Sekunden zuvor herauszuwinden versucht:

»Na klar! Wozu wird der denn verkauft?! Zum Blumengießen ja wohl nicht!«

130.

»Sie haben mich dafür verprügelt, dass ich mich für andere eingesetzt habe. Sie haben mich einen ganzen Tag in einen Käfig eingesperrt und mich verprügelt. Wenn ich sterbe, werden sie sagen, dass ich mich selbst stranguliert habe – das machen sie immer so … Ich habe Angst. Ich bete zu Gott, dass er diese

Willkür nicht mehr zulässt.« Diese Notiz gab mir eine junge Frau, die ich im Lager getroffen hatte, mit in die Freiheit.

Wie bitte, ihr wusstet nicht, dass der Gulag nicht mit Stalin geendet hat?

Kaum bin ich in der Kolonie angekommen, holt man mich ins Büro des Lagerleiters. Sie wollen mich abklopfen und einschätzen, meine Schwachstellen finden.
»Sie haben während Ihrer Inhaftierung Ihre Einstellung nicht verändert, Ihre Schuld nicht gestanden, halten weiter an Ihrem Standpunkt fest?«
»Korrekt«, sage ich.
»Also wollen Sie bis zum letzten Glockenschlag einsitzen?«, der Leiter sieht mich an.
»Nicht unbedingt. Aber wenn ich meine Schuld eingestehen muss, um rauszukommen, bleibe ich hier.«
»Aber Ihnen ist ein Unglück widerfahren. Der Mensch neigt dazu, seinen Standpunkt zu ändern, wenn in seinem Leben ein Unglück geschieht. Sie haben zwei Jahre bekommen – das ist doch ein Unglück für Sie?«
»Na ja, ich gebe zu, sehr glücklich bin ich nicht. Aber meinen Standpunkt ändern, nur damit ich rauskomme, werde ich nicht.«
»Schwören Sie lieber nicht darauf. Die Wege des Herrn sind unergründlich. Sie sind erst eine Woche hier – haben fast zwei Jahre vor sich, noch kann sich alles ändern.«
»Warten wir's ab. Die Geschichte wird uns lehren«, ich lächele.
»Sie sind also eine Revolutionärin.«
»Ach, wirklich?«
Mein neuer Chef beginnt mir auf die Nerven zu gehen.

»Vielleicht werden ja eines Tages Legenden über Sie gesponnen werden wie jetzt über die früheren Revolutionäre, aber im Moment sind Sie hier. Bei uns.« Er schaut sich um wie der Herr im Haus. »Vergessen Sie das nicht. Und behalten Sie Ihre Ansichten für sich, solange Sie hier sind. Denken Sie an sich. Es ist nur zu Ihrem Besten, wenn Sie schweigen. Denken Sie an Ihre Liebsten. Denn – wer sind Sie? Sie sind in erster Linie jemand, der Leben schenkt.«

»Ein typisch männlicher Standpunkt«, ich zucke mit den Schultern.

Der Lagerleiter schaut mich verständnislos an.

»Ich sagte, Sie haben gerade einen typisch männlichen Standpunkt demonstriert, und das ist nicht weiter verwunderlich: Den Impuls zur Emanzipation haben nur Frauen, weil Männer sich *per se* in einer herrschenden Position befinden.«

»Wie bitte?!«, braust er auf. »Vergessen Sie mal nicht, wer Sie sind, und wer ich bin!«

Ich schweige. Er fährt fort:

»Merken Sic, dass Sie in auswendig gelernten Phrasen sprechen?«

»Wir sprechen alle in auswendig gelernten Phrasen. Ich genauso wie Sie«, bemerke ich. »Weil die Sprache uns nicht gehört. Wir erlernen sie. Sie ist nicht unsere eigene.«

»Sie sind gehirngewaschen! Ist Ihnen das schon mal aufgefallen?«

»Wir sind alle gehirngewaschen, wenn Sie so wollen«, entgegne ich. »Sozialisation ist Gehirnwäsche.«

»Sie waren mit vierzehn, fünfzehn psychisch instabil und sind unter schlechten Einfluss geraten!«

»Wessen Einfluss? Aristoteles? Sartre? Simone de Beauvoir?«

Ich werde aus dem Büro geführt und wieder in meine Zelle gesteckt.

131.

»Der Versuch, mit ihnen zu spielen und sie zu besiegen – diese Verlockung gibt es immer, weil wir doch schlauer sind, weil wir doch alle so gebildet sind. Aber: Wir spielen Schach und sie irgendein beliebiges Spiel, das ihnen im jeweiligen Moment unter die Finger kommt, und wenn's sein muss, braten sie dir einfach mit dem Brett eins über, und in diesem Sinne seid ihr bei diesem Spiel immer die Verlierer, weil ihr euch das, was sie sich erlauben können, sowieso nie werdet erlauben können.«
(Dissident Wjatscheslaw Bachmin, 1972)

Nimm dir, was du brauchst. Erspiel dir einen Vorsprung. Steh drüber.

»Was mich am meisten am Gefängnissystem nervt? Die Humanisierung. Das Schwierigste ist, zu jemandem gut zu sein, der es nicht verdient hat. Und gezwungen wird man zum weicheren Umgang mit ihnen, weil sich heutzutage viel zu viele Menschenrechtler tummeln. Die Bürger Russlands brauchen keine Menschenrechtler. Zumindest die große Mehrheit braucht sie nicht. Meine Lieblingsperiode in der russischen Geschichte ist die zwischen dem Anfang des 20. Jahrhunderts und 1953. Es wird wohl kaum jemand bestreiten, dass Stalin eine große Persönlichkeit war.
Dieses Gefängnis ist ja nicht erst gestern gebaut worden. Früher herrschten hier ganz andere Sitten. Der Gefangene hatte Angst. Heute ist es nicht mehr dasselbe.
Was ich von Meinungsfreiheit halte? Ich denke, dass man Philosophen, die sich zu leidenschaftlich ihrer Tätigkeit widmen, mit Triebtätern vergleichen kann. Sie sind nicht weniger gefährlich.

Russland ist ein barbarisches Land. Und es ist nicht mit Europa gleichzusetzen.«
(der Leiter der operativen Abteilung im Tscheljabinsker Gefängnis zur Verurteilten Tolokonnikowa)

132.

»Ebenhier, in den Mauern des Butyrka-Gefängnisses, habe ich mir mehrere Ehrenworte gegeben, mir ein Wort gegeben und mich unter bestimmte Banner gestellt.
Was für Ehrenworte waren das?
Das Wichtigste war die Übereinstimmung von Wort und Tat. (…)
Die Fähigkeit zur Selbstaufopferung. (…)
Das Opfer war das Leben. Wie wird es aufgenommen werden? Und wie genutzt?«
(Warlam Schalamow, aus Wischera, *1961)*

Die feministische Philosophin Rosie Braidotti sagt: »Zu Beginn des dritten Jahrtausends, in einem Zeitalter globaler und differenzierter Mobilität, bestimmt eine diffuse Art des Nomadentums den Standort vieler Menschen …«
Das heutige Nomadentum ist demnach gekennzeichnet durch die Einsicht, dass Grenzen beweglich sind, und durch das intensive Gefühl, alle Territorien und Grenzen überqueren zu können.
Laut Rosie Braidotti (die muss man einfach gelesen haben!) verfügt der ideale Nomade über folgende Eigenschaften:

1. Mobilität – die Möglichkeit, sich zu bewegen, ohne Grenzen überhaupt zu erwähnen, die Möglichkeit, fremde Grenzen zu überqueren.

2. Eine offene Selbstwahrnehmung – das bedeutet, dass du dich als Weltbürger verstehst und die Grenzen, die deine Nationalität, deinen Standort, deine Staatsbürgerschaft und deine ethnische wie soziale Zugehörigkeit definieren, zu verschieben vermagst.
3. Aktivismus, denn der Nomade ist sehr aktiv und politisch.

Die globale Ökonomie ist bereits nach den Prinzipien des Nomadentums konstruiert – sie kennt überhaupt keine Grenzen mehr. Gesetze und Regierungen sind da viel langsamer, sie hinken hinterher.
Unsere Regierungen glauben immer noch an die Macht der Grenzen – deshalb schließt Europa seine Grenzen für Flüchtlinge und deshalb besetzt Putin die Krim. Wir müssen von dieser Logik des 19. Jahrhunderts wegkommen und begreifen, wie man im 21. Jahrhundert leben sollte – ohne Grenzen. Das 21. Jahrhundert ist das Jahrhundert der Ideen, nicht das der geschlossenen Grenzen, des Stacheldrahts, der Flüchtlingslager und der riesigen Armeen.

133.

Nach dem Abendessen muss man mit Waschschüssel und Wechselunterhose ans andere Ende der Kolonie rennen, um sich den Hintern zu waschen. Jede Gefangene kennt den Geruch von unfrischer Muschi, mit dem dieser Winkel der Kolonie durchtränkt ist.

Dieses Gefängnis muss zerstört werden. Hilfst du mir?

Doktor Friedrich Joseph Haass war der Chefmediziner aller Gefängniskrankenhäuser und betreute Gefangene, Deportierte

und Sträflinge, die man damals über Moskau nach Sibirien jagte. Jede Kolonne wurde von Doktor Haass persönlich verabschiedet, er untersuchte die Kranken, Kinder und Frauen, brachte ihnen Essen, Wäsche, warme Kleidung.
Eines fernen Tages, in der ersten Hälfte des 19. Jahrhunderts, auf einer Sitzung des Moskauer Gefängnisaufsichtskomitees, begann Haass davon zu sprechen, dass unter den Inhaftierten viele unschuldig Verurteilte seien. Metropolit Filaret, der Versammlungsvorsitzende, wies den Arzt streng in die Schranken: »Unschuldig Verurteilte gibt es nicht. Wenn das Gericht ein Strafmaß auferlegt, dann bedeutet dies, der Angeklagte war schuldig ...«
Doktor Haass schrie auf: »Eure Eminenz, was sagen Sie da! Sie vergessen Jesus!«
Es wurde still, alle Blicke richteten sich auf Filaret. Der Metropolit schwieg eine Weile und sagte dann leise: »Nein, Fjodor Petrowitsch, nicht ganz. Ich habe Jesus nicht vergessen ... Aber als ich gerade diese vorschnellen Worte aussprach ... da hat Jesus Christus mich vergessen.« Daraufhin erhob er sich, segnete die Anwesenden und ging hinaus.

134.

Wir werden uns nicht vor dem Sparring drücken – das wäre ein Zeichen von Schwäche; im Nahkampftraining werden Ausdauer, Geschick und Schlagfertigkeit geübt.

Vor kurzem schrieb mir jemand etwas Kluges, das mir wichtig geworden ist: Was passiert mit Dingen unterschiedlicher Beschaffenheit, wenn man sie in kochendes Wasser taucht? Weiches – das Ei – wird hart, Hartes – die Möhre – wird weich,

Kaffeepulver aber löst sich auf und durchdringt alles. Die Moral von der Geschicht: Seid wie Kaffee! In der Kolonie bin ich der Kaffee.

»Ich will, dass die Initiatoren meiner Inhaftierung und der von Dutzenden anderen politischen Aktivisten eine einfache Tatsache begreifen: Für einen Menschen, dessen Werte erstens aus seinen Prinzipien erwachsen und zweitens aus der Arbeit, aus dem kreativen Prozess, der wiederum auf diesen Prinzipien gründet, gibt es keine unüberwindbaren Hindernisse. Wenn du fest an etwas glaubst, hilft dir dieser Glaube, überall zu überleben und überall Mensch zu bleiben. (...)
Obwohl die Erfahrung des Eingesperrtseins keine einfache ist, werden wir, die politischen Gefangenen, dadurch nur noch stärker, mutiger und hartnäckiger. Und so stelle ich die letzte Frage für heute: Was für einen Sinn hat es dann, uns festzuhalten?«
(aus meiner Stellungnahme bei der Verhandlung über meine vorzeitige Entlassung auf Bewährung, 26. April 2013)

135.
Die politischen Zeitschriften, die ich durch die Zensur schleusen konnte, zirkulierten bald über Nachttische, durch Produktionsreihen, Gefangenenhände und Abteilungen.

Ziehe ein wie Creme. Dringe in die Poren.

Ich schnappte ein Gespräch zwischen Kameradinnen aus meiner Brigade auf, das mich stehenbleiben und unbemerkt lauschen ließ. Sie lasen in meinem Magazin *The New Times,* einem der wenigen russischen Medien ohne politische Zensur.

»Hört mal, hier steht: ›Derzeit entsteht ein politisches System, in dem den Ermittlungsbehörden und den Mitarbeitern der Staatsanwaltschaft eine führende Rolle zukommt.‹ Aha, also wird das ganze Land einsitzen.«
»Na, ist doch klar: Putin hat begriffen, dass seine Unterstützer wegschmelzen und dass das Einzige, was ihn noch retten kann, die Ermittlungsorgane sind.«
»Den Abschnitt müssen wir Nadja zeigen, da geht's um Putin, das gefällt ihr bestimmt.«
»Fuck, wenn das Land von Bullen regiert wird – dann war's das. Dann sind wir am Arsch.«

136.

Zu Sowjetzeiten sagte man in Dissidentenkreisen: »Wenn dich jemand bittet, ein Stück Scheiße ins Lager mitzubringen, dann bring ein Stück Scheiße mit. Und frag nicht, was der Gefangene damit will.«

Der Winter war gekommen. Das neue Jahr stand vor der Tür. Es war ein freier Tag, den es in der Kolonie nur einmal im Monat gab.
»So, ihr Fickhühner, dass ich euch gleich alle draußen auf dem Gelände sehe«, höre ich im Korridor die hysterisch herrische Stimme der Truppenältesten Katja, als ich mir gerade Solschenizyns *Archipel Gulag* vornehmen will. »Der Chef kommt morgen unsere Schneeskulpturen kontrollieren. Solange die Figuren nicht fertig sind, geht mir keine von euch in die Baracke!«, brüllt Katja, während sie durch den Korridor marschiert.
In den Trupp kommt Bewegung. Briefe an die Familie werden zur Seite gelegt – sie werden unvollendet bleiben, keine Zeit.

»Tolokonnikowa, was 'n los, bist wohl nicht gemeint? Was 'n los, bist du was Besseres, oder was? Hm? Was 'n los, du Promi, hast dir 'ne Scheißkrone aufgesetzt?«
Blut schießt in Katjas Augen, sie werden gelb vor Rage. Sie schreit sich die Kehle aus dem langgezogenen Hals, ihre Augen durchbohren meine. Meine Ruhe macht sie wütend, meine demonstrative Ruhe. Ich sehe der Ältesten in die Augen, noch einen und noch einen Moment, ziehe meinen grünen Uniformmantel an und gehe nach draußen.
Keine von uns konnte Schnee formen, also kam etwas heraus, das mehr an einen Scheißhaufen erinnerte als an eine Schlange. Wir waren den ganzen frostigen Dezembertag damit beschäftigt. Ich überlegte: Was, wenn ich sie grün anmale, wird's dann vielleicht besser? Nach zwei Stunden Arbeit stand ich einem riesigen, menschengroßen Haufen grüner Scheiße gegenüber.
Am nächsten Tag wird der Kolonieleiter seine Besitztümer abschreiten – begutachten, was jede Einheit auf seinen Befehl hin angefertigt hat. Eine Schneekönigin in der fünften Einheit, ein Schloss in der dritten. Wenn er bei uns ankommt, wird er stehenbleiben und fragen:
»Was soll das denn bitte sein?«
»Das, Alexander Grigorjewitsch, ist ein Haufen grüne Scheiße.«
»Was???«
»Sie haben richtig gehört, Alexander Grigorjewitsch.«

137.

Entweder ihr sprecht alles offen aus, was ihr über Sex zu sagen habt, und setzt damit in euch selbst die Möglichkeit frei, über viele andere großartige Dinge nachzudenken und zu sprechen – oder ihr imitiert die Keuschheit Österreichs zu Zeiten Freuds und sprecht niemals etwas direkt aus, aber gleichzeitig wird jede eurer Aussagen, jeder eurer Gedanken vor Sex triefen.

Ich wurde zur Leiterin der Aufsichtsbehörde der Kolonie bestellt. Sie wollte wissen, ob ich einen Aufstand plane oder so etwas. Sie hatte allen erzählt, ich wäre für den Versuch eines Staatsputschs in der Russischen Föderation eingesperrt worden und deshalb überaus gefährlich.
»Warum geben Sie mir ein negatives Gutachten für die Verhandlung über eine vorzeitige Entlassung?«, frage ich.
»Weil du nicht am Leben der Brigade partizipierst. Keine aktive soziale Rolle übernimmst«, antwortet sie mir in seit der Sowjetzeit gut einstudierten Phrasen.
»Ich habe hier zwei Vorträge geschrieben und gehalten – einen über die Westler und die Slawophilen, einen über das Silberne Zeitalter der russischen Kultur und …«
»Worüber?!«
»Über Westler und Slawophile.«
»Bitte was für Phile?«
»Slawophile.«
»Aah. Nicht Pädophile?«
»Nein.«
»Sicher?«

138.

Wenn dir Knast blüht, solltest du erst mal was für deine Gesundheit tun. Bei jeder Krankheit gibt's dort dieselbe Tablette: die eine Hälfte für den Kopf, die andere für den Arsch.

Den Arzt Grigori Petrowitsch nannten die Gefangenen entweder »Walross« oder »Barbiturschik«.
»Das Auge ist nicht die Muschi, das zwinkert sich aus«, winkte er ab, wenn Insassinnen über Augenbeschwerden klagten.
»Hättest weniger ficken sollen«, antwortete der Doktor scharf, wenn jemand mit gynäkologischen Problemen in die Sanitätsstelle kam.
Und wenn sich jemand mit Ohrenschmerzen herumplagte, riet er umgekehrt: »Na, wenn das Ohr weh tut, solltest du mal schleunigst ficken!«

139.

Der Knast hat mich sehr viel offener gemacht. Du bist gezwungen, hinter Mauern eingesperrt mit Menschen umzugehen, die von deiner eigenen Welt sehr weit entfernt sind. Manchmal sprechen sie buchstäblich eine andere Sprache. Aber dann werden diese Menschen, die du vor dem Gefängnis niemals als Mitstreiter erkannt hättest, auf einmal zu solchen. Ehemalige Ermittler. Ehemalige Staatsanwälte. Aufseher. Dir wird klar, dass eigentlich jeder zu deinem Waffenbruder werden kann. Du musst ihm nur erklären, wer du bist, und die Hauptsache: Du musst ihm zuhören.

Sie wird »Kiwi« genannt. Weil sie behaart ist wie eine Kiwi. Eine bärtige Frau. Sie ist in meiner Einheit.
Sowohl ihr Schnurrbart als auch ihr Bart sind lang, schwarz und echt. Wenn sie nicht Kiwi genannt wird, dann nennt man sie Borg. Weil sie so breit wie zwei normale Frauen ist, über 100 Kilo wiegt und dabei nicht schwabbelig und schwach wie die meisten beleibten Frauen, sondern wirklich stark und mäch-

tig ist. Die über 30 Kilo schweren Eisennähmaschinen, die wir zu zweit kaum schleppen können, trägt die Borg mit elegantem Handschwung, als wäre das keine Maschine, sondern eine Clutch.

Geistig ist sie null entwickelt. Ihre tiefe Stimme klingt wie die eines Jugendlichen im Stimmbruch, sie lispelt und drückt ihre Gedanken einsilbig aus. Sie blüht auf, wenn man sie lobt, und wird wie ein Kind demonstrativ wütend, finster und bockt herum, wenn man ihr etwas Unfreundliches sagt. Aber lange böse sein kann sie nicht. Und sie hilft, wenn man sie darum bittet.

Wenn jemand eine schwere Tasche auf das oberste Regal hieven muss, in vier Metern Höhe, wird die Borg gerufen. Die Borg macht das spielend. Die Borg öffnet Konservenbüchsen für die ganze hundert Frauen starke Einheit: Dosenöffner gibt es keine, aber die Borg kriegt Konservenbüchsen auf dem Asphalt auf.

Bevor sie ins Lager kam, lebte die Borg in einem abgeschiedenen Dorf, wo alle tranken, sogar die Birken. Laut Gerichtsurteil hat die Borg, sturzbetrunken, einen Mann umgebracht. Sie erinnert sich nicht daran.

»Meine Mama hat gesagt, dass ich niemanden umgebracht habe!«, sagt die Borg zu mir. »Ich hab niemanden umgebracht! Hab ich nicht.«

»Warum glaubst du das?«

»Weil meine Mama das gesagt hat«, die Borg lächelt entwaffnend.

140.

Szenarien der Unterdrückung von Protestaktivität und kritischem Denken werden in geschlossenen Einrichtungen – Zonen der Willkür – ausgearbeitet und auf das ganze Land extrapoliert.

Make rioting a habit.

Jeden Morgen um sieben Uhr früh werden mit lautem Gepolter die Tore zum Produktionsbereich geöffnet.
Heute sind vor den Toren fünf Aufseherinnen aufgereiht.
»Sie filzen! Sie filzen! Sie filzen!«, fliegt ein banges Flüstern durch die Gefangenenkolonne.
Alle geraten in Bewegung. Schieben die zur Arbeit mitgenommenen Süßigkeiten und Teebeutel in Socken, in geheime Taschen, in die Unterwäsche. Niemand will wegen eines Bonbons die Aussicht auf frühzeitige Entlassung verspielen.
»Als ich draußen mit Gras gedealt hab, war das einfacher, als Süßigkeiten in den Produktionsbereich zu schmuggeln«, bemerkt meine Bekannte neben mir grinsend.

141.
»Bücher sind meine Rettung, meine Ablenkung, meine Lehrer. Im Prinzip kann man hier sonst nicht viel tun, nur lesen. Vielleicht noch denken und Briefe schreiben. Der Mensch kann sich an vieles gewöhnen. Du hast wahrscheinlich schon einen Hochschulabschluss. Mich lassen sie nicht studieren, erst Armee, dann Knast.«
(Politgefangener Alexej Polichowitsch aus einem Moskauer Gefängnis)

Erst Armee, dann Knast. Auch wenn wir dabei draufgehen, lasst uns dafür sorgen, dass niemand dieses Schicksal teilen muss.

Jede Gefangene in Mordwinien kennt den schweren Holzknüppel, der mit Klebeband umwickelt ist und den Schriftzug un-

seres Auftraggebers trägt. Damit schlägt die Verwaltung die Näherinnen, die ihre Produktionsnorm des 16 bis 20 Stunden langen Arbeitstages nicht erfüllen. Mit diesem Knüppel prügelt man aus den Frauen 250 Anzüge pro Tag.
Eines Nachts ist im Nähwerk eine Frau gestorben. Ihre Leiche wurde aus der Produktionshalle getragen. Die Frau war schwer krank und hätte aus medizinischer Sicht nicht mehr als 8 Stunden arbeiten dürfen. Aber die Lagerverwaltung braucht Tausende von Anzügen. Die Inhaftierten arbeiten in zwei Schichten: von drei Uhr morgens bis zwölf Uhr nachts und von sechs Uhr morgens bis drei Uhr nachts. Ohne Wochenende. Die Menschen schlafen über ihren Nähmaschinen ein. Durchsteppen sich die Finger. Sterben.

142.

Revolution. Der Erste, der dieses Wort benutzt hat, war ein Alchemist und Astrologe. Das war im Mittelalter.
Nikolaus Kopernikus fand heraus, dass die Erde sich um die Sonne dreht, und schrieb ein Buch darüber: *De revolutionibus orbium coelestium – Über die Kreisbewegungen der Weltkörper* (1543), ein Buch, das schwere Erschütterungen, Zusammenbrüche und hysterische Anfälle beim Klerus hervorrief.
»Verbrennen heißt nicht widerlegen«, rief Giordano Bruno immer wieder, als man ihn zum Scheiterhaufen führte.
Nur aufgrund von Revolutionen rotieren die Himmelssphären. Menschen, die sich selbst und anderen unangenehme Fragen stellen, sorgen für Fortschritt. Ohne die Fragenden wird der morgige Tag zu einem Paradies für die Konservativen und zur Hölle für alle anderen.

Im Frühjahr und Sommer 2013 arbeitete eine neue Zensurbeauftragte in unserem Lager, mit der ich mich schon bald anfreundete. Meine gesamte Korrespondenz, buchstäblich alles, was man mir von draußen schickte, gelangte in die Zone. Die vier Monate, in denen meine Zensorin den Posten innehatte, waren wir mit Informationen so abgefüllt wie die mordwinischen Mechaniker in unserer Kolonie mit Wodka. Die Frau hatte nicht viel zu verlieren, denn im Herbst würde sie sowieso zum Leben und Arbeiten nach Moskau ziehen.
Einmal, als sie in meinem Beisein einen von den Dutzenden Umschlägen aufriss, die an mich adressiert waren, fiel ein Bündel Sticker mit der Aufschrift »Zensur ist Repression« heraus. Die Zensorin schaute mich fragend an.
»Ähhm …«, stotterte ich.
Der Moment, in dem du den Spruch *All cops are bastards* an der Realität zerbersten siehst, ist gekommen, wenn du einen ernsthaft sympathischen Bullen kennenlernst.
Die Zensorin lächelte: »Nadja, kann ich nicht ein paar von den Stickern haben? Ich will mir gern einen an die Bürotür kleben.«

143.

Hohe Mauern, fünf Reihen Stacheldraht. Dahinter sitzen Hunderttausende Menschen, aber diese Menschen sind unsichtbar. Was immer mit ihnen geschieht, man wird es als Unfall abtun. Höchstwahrscheinlich wird es nicht einmal jemandem auffallen.
Lasst sie uns sichtbar machen. Und jedes Gefängnis mit einer Installation von Porträts der Gefangenen umgeben, die dort einsitzen.

Manja wollte ins Kloster gehen, aber in einem Anfall von Schizophrenie zerhackte sie eines Tages zwei Menschen mit einer Axt. Manjas Sohn wurde ins Waisenheim geschickt und Manja für zwölf Jahre ins Lager. Das Kloster, das Manja aufnehmen wollte, schickt ihr bis heute Pakete.

Für gewöhnlich biss sie sich auf die Zunge, wenn es um die Lagerleitung ging, aber wenn sie einen Anfall hatte, sagte sie jedem alles.

Jeden Frühling findet im Lager eine grandiose Militärveranstaltung statt: Die Frühjahrsparade der Dienstanzüge – der Wechsel von der Winter- zur Sommeruniform. Zwei Wochen lang wird im Kasernenhof geprobt, die Häftlinge üben zu Musik marschieren. Im Gleichschritt. Zwei Wochen lang werden Uniformen gewaschen und gebügelt, Tücher gebleicht, Stiefel auf Hochglanz poliert.

Der Tag der Parade war gekommen. Alle hatten sich im Hof versammelt – gestriegelt, gewaschen, gebügelt. Saßen akkurat auf der Bankkante, damit die Hosen nicht zerknitterten. Manja konnte nicht still sitzen. Wenn Manja einen Anfall hatte, lief sie ganze Tage und Nächte herum. Und so lief Manja nun im Hof hin und her, und auf ihre Stiefel legte sich Staub.

Nun war es Zeit für die Formation und den Marsch. Während der Parade ging der Lagerleiter Kulagin von einer Einheit zur nächsten und beäugte kritisch die Uniformen. Er war Ästhet. Ließ teure Fliesenböden im Nähwerk verlegen, während in den Wohnbaracken Fensterscheiben fehlten.

Da bemerkte Kulagin Manjas Stiefel.

»Die Stiefel sind nicht poliert. Warum?«

»Sind sie«, widersprach Manja.

»Sind sie nicht.«

»Sind sie doch!«

»Mal nicht so vorlaut! Sonst wanderst du in den Bunker!«

»Mit Vergnügen«, Manja lächelte.
»Was? Was hast du da gesagt?« Der Leiter verstand nicht.
»Ich sagte: mit Vergnügen. Mit Vergnügen gehe ich in den Bunker.«
»Was?! Bunker! Zehn Tage!«
»Okay, kein Problem«, fuhr Manja ruhig fort. »Darf ich zum Schluss noch was fragen?«
»Wenn's sein muss«, winkte der Leiter ab.
»Wann bekommen wir die Pakete mit den Hygieneartikeln, die uns zustehen, die mit der Seife, dem Klopapier und den Binden? Wir haben seit drei Monaten keine bekommen. Laut Gesetz stehen sie uns einmal im Monat zu.«
»Fünfzehn Tage Bunker! Verschwinde!«
Manja wurde in die Einzelhaft gebracht, wo sie aus Protest die Überwachungskameras mit Zahnpasta zuschmierte und noch mal zehn Tage bekam. Zwei Tage nachdem Manja weggesperrt worden war, erhielt die ganze Kolonie ihre Hygienepakete.

144.
Es kommen Ermittler zu dir und wollen dir einreden, du würdest in den nächsten Jahren zum Gemüse mutieren, zur Pflanze, die in einer modrigen Zelle vor sich hin fault. Sie behaupten, das Gefängnis würde deine Lebensjahre auffressen und könnte dir nichts zurückgeben. Aber du – du kannst jeden Gefängnistag nutzen, um an dir zu arbeiten.

Meine gute, liebste Gera!
Ich sitze auf einem grauen Stuhl und schreibe dir einen Brief. Aus Mordwinien, dem Land der Wunder und der großen Festungen hinter hohen Mauern. Ich sitze in einem

großen Zimmer. Hier schlafen wir und schreiben Briefe. In diesem Zimmer stehen Betten, Stühle und Nachttische. Auf Regalen stehen Blumen und Zimmerpflanzen. Die Wände sind pfirsichfarben angemalt. Wir sind hier 40 Menschen, so viele wie zwei Kindergartengruppen.
Machst du Gymnastik? Ich habe die Fotos von deinem Tanzkurs gesehen. Gefällt dir der Unterricht? Der schwarzweiße Turnanzug, in dem du tanzt, steht dir sehr gut.
Ich vermisse dich! Ich würde dich gerne sehen. Ich warte darauf, dass du, Petja und Andrej mich in Mordwinien besuchen kommt. Das Gedicht mit der Bulldogge und dem Dackel habe ich in mein Heft abgeschrieben und lerne es auswendig. Es ist ein sehr gutes Gedicht.
Ich umarme dich.
Deine Mama Nadja

145.

»Die ganze Politik Putins basiert auf seiner Angst, die Macht zu verlieren«, sagt Julian Assange. Wir sind in der ecuadorianischen Botschaft in London. »Und wenn man das versteht, dann erscheint seine Politik ziemlich rational.«
»Moment mal, die russische Wirtschaft stagniert«, widersprechen wir.
»Das Ziel, *an der Macht zu bleiben*, verfolgt Putin sehr rational.«

Sobald du einen Politiker siehst, dessen einziges Ziel es ist, an der Macht zu bleiben, jag ihn zum Teufel.

Ich krieche unters Waschbecken: Dort, wo das Becken an der Wand befestigt ist, befindet sich ein kleiner Hohlraum, und in diesem Hohlraum liegt ein Gegenstand, der laut Gefängnisgesetz strengstens verboten ist. Wenn die Aufseher diesen Gegenstand bei uns entdecken, wandern wir für mehrere Wochen in den Bunker. Es handelt sich um eine Augenbrauenpinzette.

146.

Nicht die Menschen ermüden mich, sondern die durch ihre Feigheit hervorgerufenen Enttäuschungen. Vielleicht wird der hier mich dazu bringen, ihn zu bewundern?, denkst du. Ich bin offen dafür, in den Menschen das Inspirierende zu sehen, ich bin bereit, sie zu bewundern, ich bin auf der Suche nach Musen und Musinnen.

Mach, dass ich dich bewundern kann. Bitte!

In der Kolonie, genau wie in der Alten Rus oder im Griechenland der Antike, werden Geschichten mündlich überliefert. Über mich kursierte folgender Witz:
Im Nähwerk geht der Brigademeister herum und schreit die Gefangenen an: »Bewegt eure Hände, verdammt noch mal, schneller! Nicht einschlafen! Bewegt euch! Wir müssen die Produktionsnorm schaffen!«
»Die Norm schaffen?«, erhebt sich Nadja von ihrer Nähmaschine. »Das ist öde. Lasst uns lieber eine Revolution schaffen!«

147.

Verwandle Faulheit in ein politisches Mittel. Gehorche demonstrativ lustlos und langsam. Oder arbeite gezielt ineffektiv.

Um acht Uhr abends formieren sich in meinem Mordwinien, das komplett aus Sumpf besteht, die Mücken zu einer dichten, schwirrenden Wand, die Tore zum Produktionsbereich werden geöffnet, und erschöpfte Häftlinge, die seit sechs Uhr morgens in der Fabrik gearbeitet haben, kriechen in Fünferreihen zum Abendessen. Ich gieße Blumen, kämpfe gegen die Mücken, die mir in Ohren und Mund fliegen wollen, und winke meinen Freundinnen zu.

148.

Man kann eine Million Protestaktionen auf die Beine stellen:

- *Kiss-Ins*;
- *Die-Ins* (Darstellung eines Gruppensterbens);
- *Bed-Ins* (politische Aktion im Bett);
- Autorallyes (z. B. die Bewegung der *Blauen Eimer*, die mit kleinen blauen Spielzeugeimern gegen den häufigen unbegründeten Einsatz von Blaulicht protestierte);
- Umlackieren von Objekten (wie bei der Aktion des tschechischen Bildhauers David Černý, der 1991 einen sowjetischen Panzer des Typs IS-2 rosa anstrich);
- Nutzung des Gerichts als politische Bühne;
- Ersetzen von Schaufensterpuppen mit normierter Figur durch welche mit nicht normierter Figur;
- Illegale Befreiung von Tieren aus der Gefangenschaft (wie z. B. *Animal Liberation Front*);
- *Shopdropping* (heimlich selbstgemachte Objekte in Geschäften deponieren).

Effektiv, spektakulär, klar. Los geht's?

Im Juli 2013 wurde die Kolonie demoliert. In Stücke gehau'n. Nichts machte mir mehr Freude, als dabei mitzumachen. Wir buddelten fünf Meter hohe Betonpfeiler aus dem Asphalt, über die das überirdische Bewässerungssystem geleitet wurde. Um einen Pfeiler samt Basis auszureißen, musste man ein Seil daran befestigen und ziehen, ziehen, ziehen. Zu fünft, zu sechst, zu acht. Wie die Rübe im Märchen. Die ganze Kolonie eilte aus den Baracken, um unter Jubelrufen zuzusehen, wie es staubt und kracht, wenn ein ausgerissener Betonpfeiler umfällt. Die Borg schaffte die meisten Pfeiler.

»Wozu einen Bagger fürs Ausgraben der Pfeiler bestellen? Das ist teuer. Ich habe doch Tausende von Frauen«, pflegte der Lagerleiter in jenem Sommer zu sagen, während er über das Gelände spazierte.

Die krummen rostigen Rohre, die von den Pfeilern gestützt worden waren, fielen knirschend auf die Erde und lagen nun verstreut als Eisenkadaver überall auf dem Koloniegelände herum. Außer Atem, die Beine mit letzter Kraft durch den Staub schleifend, zogen wir diese Rohre zum Wirtschaftshof.

Ich sang ohne Unterlass »Dubinuschka«, ein russisches Bauernlied aus dem 19. Jahrhundert, das später eines der Revolutionslieder wurde:

Dubinuschka oder das Lied vom Knüppelchen

Manches Lied hört ich einst in der Arbeiter Kreis;
Ach es klang drin von Lust und von Schmerzen!
Wenn auch viel ich vergaß, immer bleibt doch die Weis'
Von der Arbeit mir treu in dem Herzen.

Refrain:
He du Knüppelchen, du grünes, he!
Und will es nicht von selber gehn,

Wir helfen, wir helfen!
So gib ihm!

Aus der Großväter Mund hat vererbt bis auf heut
Sich das Lied von dem wackeren Knüppel;
Denn ein jeder greift gern, wenn die Not ihn bedräut,
Wohl nach ihm als dem sichersten Mittel.

Wenn der Bauer verreckt, wie ein Bauer halt stirbt,
Hinterlässt er dem Sohne ein Erbe:
Trag geduldig dein Los, wie's ein Bauer erwirbt;
An den Knüppel denk auch, wenn ich sterbe.

Doch es kommt einst der Tag, wenn der Bauer erwacht,
Reckt und streckt die gebundenen Glieder,
Und er schlägt seinen Feind, der ihn elend gemacht,
Mit dem Knüppel zu Boden darnieder.

Refrain.

»Dubinuschka« sollte die Nationalhymne der Russischen Föderation werden. In einem Russland ohne Putin wird kein Platz für die heutige selbstgefällige, pompöse und imperialistische Hymne sein.

149.

Das Auslachen der Mächtigen ist eines der besten Mittel der Demokratisierung. Formen des Protests mit Gelächter:

- sich weigern, absurde Anordnungen auszuführen, und sie mit Lachen beantworten;
- auf Beleidigungen durch Polizei oder Aufseher mit Lachen reagieren;

- Protestlachen vor Gericht;
- Schülerstreiche gegen ungehemmt repressive Lehrer;
- Spitznamen für fiese Lehrer;
- Banksys Graffiti *Kissing Coppers* mit zwei sich küssenden Polizisten.

»Wo sind Hosen? Ich brauche eine in Größe 56, Länge 6!« Die Packerin rennt durch die Produktionsreihen und durchwühlt Berge von Zuschnitten und Mustern. Im Werk verschwindet ständig etwas.

»Bringt mir eine Hose! 56–6! Eine Hose!«

Zwei Stunden später bekommt sie eine Hose.

»Was ist denn das?« Ungläubiges Starren.

»Eine Hose!«, lächelt triumphierend und zahnlos wie Baba Jaga die Näherin, die im Lager gelandet ist, weil sie ihren Mann zu Frikadellen verbraten und verspeist hat.

Die Hose ist 20 Zentimeter lang, Puppengröße, aber sonst völlig echt: eine Bullenhose mit roten Seitenkanten und akkuraten Bügelfalten. Von außen ist ein kleines Schild angenäht: »Gr. 56, L. 6«.

150.

Dem politischen Gefangenen Jewgeni Witischko, einem Umweltschützer, wurde die vorzeitige Entlassung verweigert, weil er die Tomaten schlecht gejätet hatte. Tomaten. Schlecht. Gejätet. Witischkos Haftstrafe – drei Jahre Lager.

Witischko wurde unmittelbar vor den Olympischen Spielen in Sotschi eingebuchtet. Damit er niemandem mit seinem Umweltschutz auf die Pelle rückte. Witischko wurde genau in dem Moment eingesperrt, als wir nach zwei Jahren Haft freikamen.

Pussy Riot ist wieder frei, weil ihr sie nicht vergessen habt. Lasst uns die anderen politischen Gefangenen nicht vergessen.

Ich höre von den Mechanikern, dass es keine Ersatzteile für die Reparatur meiner Nähmaschine gibt und auch nicht geben wird: »Wir haben keine Teile! Wann die kommen? Du lebst wohl nicht in Russland, dass du solche Fragen stellst!«
In den ersten paar Monaten im Lager habe ich quasi den Mechanikerberuf erlernt. Gezwungenermaßen und im Selbststudium. Ich warf mich mit einem Schraubenzieher bewaffnet auf die Maschine, in der verzweifelten Hoffnung, sie reparieren zu können. Die Hände sind mit Nadelstichen übersät und zerkratzt, der Tisch blutverschmiert, aber du versuchst trotzdem zu nähen. Weil du Teil einer Fließbandproduktion bist und deine Arbeit genauso schnell wie die erfahrenen Näherinnen schaffen musst. Aber die Scheißmaschine streikt und streikt.

151.
Macht ihr euch manchmal Gedanken darüber, wie man sinnvoll Zeit mit der Familie verbringen kann? Die interessanteste und für die Entwicklung eures Kindes/Mannes förderlichste Beschäftigung wäre, Kontakt zu einer/m Gefangenen aufzunehmen und ihr/ihm zu helfen.
Schreibt gemeinsam mit eurem Kind/eurer Freundin/Schwiegermutter/eurem Hamster einen Brief an den Häftling. Viele von ihnen sind mutterseelenallein. Wünscht dem Häftling alles Gute, einen sonnigen Morgen, einen gerechten Richter. Oder einfach viel Glück.

Das Mädchen Kusja bekam mit achtzehn eine enorme Haftstrafe wegen Drogenbesitzes: sieben Jahre. Das Mädchen stammte aus einer russischen Kleinstadt an der Wolga, Uljanowsk. Sie saß schon seit vier Jahren und war nicht mehr sie selbst. Sie hatte sich verloren. Weil sie alles Menschliche, das sie hatte, in das Nähen von Polizeiuniformen steckte. Sie ging nie zum Mittagessen, blieb immer zum Nähen im Produktionsbereich. Man gab ihr die schwersten Näharbeiten und wusste, dass sie sie kraft ihrer Opferbereitschaft und der verzweifelten, stumpfen Hartnäckigkeit bewältigen wird. Sie frühstückte um sechs Uhr, ging um acht zum Abendessen und legte sich um ein Uhr nachts schlafen. Woche für Woche. Ohne freie Tage.
Kusja war keine starke Persönlichkeit. Sie konnte niemand anderem ihre eigenen Regeln diktieren. Aber sie strebte mit aller Kraft danach, die ihr diktierten Regeln bestmöglich zu befolgen. Diktiert von der Lagerleitung und von den *Suka* – Häftlingen, die für die Verwaltung arbeiten. Kusja erledigte gewissenhaft alles, was man ihr abverlangte.
Solche wie Kusja sterben mitunter an der unmenschlichen Plackerei. Die Leitung führt sie als Herzinfarkt-Todesfälle.

152.

Das Gefängnis ist eine Insel des legalisierten Totalitarismus. Das Ziel besteht in der Gleichschaltung der Gedanken und Handlungen derjenigen, die auf dieser Insel stranden. Wer sich zum Aufstand in einem totalitären Staat entschließt, muss auf seine Erschießung gefasst sein. Freiheit oder Tod.

Wir arbeiten 16 bis 17 Stunden pro Tag. Von 7:30 bis 0:30 Uhr. Höchstens vier Stunden Schlaf. Einen freien Tag gibt es ein-

mal im Monat. Fast alle Sonntage sind Arbeitstage. Ich nähe »Bretter«. Das ist das, was Jacken und Mäntel warm macht, also das Futter.
Infolge des latenten Schlafmangels und der endlosen Jagd nach Erfüllung der Produktionsnorm sind die Gefangenen immer kurz davor auszurasten, zu brüllen und zuzuschlagen. Einer jungen Frau wurde eine Schere in den Kopf gerammt, weil sie eine Polizeihose an der falschen Stelle abgeliefert hatte. Eine andere hat kürzlich versucht, sich mit einer Messerfeile den Bauch aufzuschlitzen. Sie konnte gerade noch davon abgehalten werden.

153.

Gloria Steinem arbeitete eine Zeitlang beim *Playboy* und schrieb danach einen vernichtenden feministischen Artikel. Edward Snowden arbeitete bei der NSA und plauderte danach alle Geheimnisse aus. Wir wanderten in den Knast und gründeten danach eine Organisation zur Unterstützung Gefangener, mit dem Ziel einer Strafvollzugsreform.

Sorge dafür, dass du das, was du kritisierst, aus eigener Erfahrung kennst. Dann ergreife die Initiative.

»Meine Gefangenschaft, das Frauenlager – das ist Lethargie, ein schwerer Traum. Das ist Endlosigkeit: Mir ist, als wäre hier ein ganzes Leben vergangen. Gleichzeitig ist es ein einziger erstarrter Moment, ein einziger Tag, der nach dem Willen eines grausamen Genies nicht mehr enden darf, der sich immer aufs Neue wiederholen muss, bis dass der Tod uns scheidet. Meine Gefangenschaft, das ist die materielle Kehrseite der Matrix, Hunderte in Reih und Glied aufgestellte Körper – ausgemergelt, blass, wortlos, Hunderte von physischen Existenzen, eingehüllt in den Schleim der Wiederkehr des Ewiggleichen, den Schleim von Apathie und Stillstand.«

(aus meinem Brief aus der mordwinischen Kolonie vom 10. März 2013)

Ich weine hier nicht. Im Lager will man nicht weinen – das ist eine Schutzreaktion. Wenn alle um dich herum wollen, dass du weinst, dass du dich erniedrigst, dann weigerst du dich. Das Gesetz des Ungehorsams. Hier wird wenig geweint: Jeder versteht, dass es nichts ändert. Es ist eher ein tief sitzender Schmerz, einer, der sich nicht durch Weinen äußert.
Auch Lachen ist hier eher unüblich, und wenn du es machst, dann kommt jemand zu dir und sagt: Du findest es wohl lustig hier? Oder: Du hast wohl nichts zu tun? Aber ich lache trotzdem.
Im Gefängnis werden der Niedergang und die Zersetzung des Menschen gefördert, weil es der Verwaltung genehm ist. Ein hohes Aggressionsniveau, grundlose Wut und Hass werden hier begrüßt. Nicht Besserung, sondern die Schaffung eines sklavisch gehorsamen, unterdrückten, erniedrigten Wesens ist das Ziel. Dieses Wesen ist von Grund auf doppelzüngig, zynisch und heuchlerisch, es lebt nach dem alten *Suka*-Gesetz: »Du stirb heute, und ich morgen.«

154.

»Was, wenn das Gefängnis nicht die Produktion von Polizeihosen als seine Hauptaufgabe verstehen würde, nicht die Erfüllung einer Norm, sondern die Bildung der Verurteilten? Dann müsste man für eine vorzeitige Entlassung nicht 16 Stunden am

Tag nähen, um 150 Prozent der Norm zu schaffen, sondern erfolgreich ein paar Prüfungen ablegen.
Was, wenn wir in den Kolonien Kurse in zeitgenössischer Kunst einführen würden?«
(aus meiner Stellungnahme bei der Verhandlung über meine vorzeitige Entlassung auf Bewährung, 26. April 2013)

Auch wenn du weißt, dass deine Frage nicht beantwortet werden wird – stelle sie. Lass sie in der Luft schweben und nachklingen.

Die Aufrechterhaltung von Disziplin und Gehorsam wird durch die breite Anwendung eines Systems informeller Bestrafung erreicht:

- Verbot, in die Baracke zu gehen – auch im Herbst oder Winter. In der Baracke für Invaliden und Rentner lebt eine Frau, die sich an einem Tag derartige Erfrierungen an Händen und Füßen geholt hat, dass ein Fuß und die Finger amputiert werden mussten;
- Verbot, sich zu waschen und auf die Toilette zu gehen;
- Verbot, eigene Nahrungsmittel und Getränke zu konsumieren.

Eine Gefangene, die nur von Schlaf und einem Schluck Tee träumt, die erschöpft, ausgezehrt und schmutzig ist, wird zum nachgiebigen Material in den Händen der Administration, die uns ausschließlich als kostenlose Arbeitskräfte betrachtet. Für den Monat Juni 2013 habe ich einen Lohn von 29 Rubel bekommen.

155.

Lebe so, dass dir deine Suchmaschine für den Buchstaben M die Begriffe »Messer Stichwaffe Abmessungen« vorschlägt.

Immer und immer wieder bricht die Nadel deiner Nähmaschine ab, Ersatznadeln gibt es keine. Du musst nähen, aber es gibt keine Nadeln. Du pulst aus dem Holzboden alte stumpfe Nadeln und nähst weiter. Sie kommen nur schlecht durch den Stoff, das Garn verheddert sich, reißt. Aber du nähst! Und das ist die Hauptsache. Nachts träumst du einen schönen, guten Traum, der dich mit einem Lächeln aufwachen lässt – du hast ein Nadelset geschenkt bekommen. Du wachst auf, siehst dich um und verstehst: Nein, das war nur ein Traum. Ein wunderschöner, rosafarbener Traum. In der Realität musst du wieder den ganzen Tag mit den stumpfen Nadeln nähen, die du mit Mühe auftreibst.

156.

»Russland liegt nicht zwischen dem Westen und dem Osten. Der Westen und der Osten liegen links und rechts von Russland.«

(Wladimir Putin, Präsident der Russischen Föderation)

Lebe so, dass du dich nicht für deine Politiker schämen musst.

»Jeder, der wenigstens ein Mal dort gewesen ist, wird das Gefühl des ewigen Gulag nie mehr vergessen: die Bahnstation Potma, kilometerlange Stacheldrahtzäune, Lagertürme, Mauern, Mauern, Mauern. Ich habe oft von diesem Weg zum *Dubraw-*

lag geträumt, von den dichten Wäldern, die die Lager säumen. Es ist eine Zone fernab des Rechts, aus der es kein Entkommen gibt.
Tolokonnikowa haben sie nach Mordwinien geschickt, um sie zu brechen. Die, die sie dorthin schickten, haben Putin geglaubt, als er sagte, im heutigen Russland gebe es keine politischen Gefangenen. Sie haben sich verrechnet.«
(Sara Murtasalijewa, ehemalige Insassin der mordwinischen Lager)

157.
Schreibe im Gefängnis Gedichte statt Prosa. Gedichte lassen sich leicht auswendig lernen oder verschlüsseln. Man kann sie sich aufs Knie oder die Hüfte schreiben. Prosa nimmt viel Platz ein, deshalb wird sie dir beim Filzen abgenommen.

Das Recht auf Haarewaschen steht uns Knastschwestern einmal die Woche zu. Aber auch dieser Badetag wird oft gestrichen. Mal ist die Pumpe defekt, mal die Kanalisation verstopft. Dann kann sich die Einheit zwei oder drei Wochen lang nicht waschen.
Wenn die Kanalisation dicht ist, dann spritzt Urin und Scheiße fliegt durch die Sanitärräume. Wir haben gelernt, die Rohre selbständig zu reinigen, aber das hält nicht lange – bald sind sie wieder verstopft. Eine Abflussspirale besitzt die Kolonie nicht.
Waschtag ist einmal wöchentlich. Die Wäscherei ist ein kleiner Raum mit drei Wasserhähnen, aus denen ein dünner Strahl kalten Wassers rinnt.
Aus offenbar erzieherischen Maßnahmen bekommen die Verurteilten immer nur trockenes Brot, mit reichlich Wasser verdünnte Milch, ausschließlich vergorene Hirse und nur verfaulte

Kartoffeln. Säckeweise werden schleimige schwarze Kartoffeln in die Kolonie gekarrt. Und dann an uns verfüttert.

158.

Auf dem Dach unserer Baracke war ein Nest von Mauerseglern. Die Kleinen fielen manchmal heraus und starben auf der Erde direkt vor unseren Augen. Genauso starben die Menschen um mich herum – vor Erschöpfung und durch Krankheiten.
Meinen Plänen zum Aufstand gab ich den Codenamen *Segler*. Den bevorstehenden Hungerstreik nannte ich *Festmahl*. Im Krieg wie im Krieg.

Die Frauen arbeiteten rund um die Uhr, fielen in Ohnmacht und starben, und doch protestierten sie nicht. Die Frauen vertrauten mir ihre Angst vor dem Tod in der Kolonie an – eine hatte seit mehreren Jahren ein entzündetes Bein, eine andere klagte, dass die HIV-Medikamente, die sie braucht, um am Leben zu bleiben, entweder beim Erhalt abgelaufen sind oder gar nicht erst ausgegeben werden.
Hunderte HIV-Kranke arbeiteten 16 Stunden am Tag und richteten die Reste ihres Immunsystems damit zugrunde. Zum Sterben brachte man sie ins Lagerkrankenhaus – damit sie mit ihren Leichen nicht die Koloniestatistik verdarben.
»Nadja, nur du hast die Kraft, hier etwas zu verbessern. Nadja!«
Sie hatten keine Ahnung, wie ich etwas verändern sollte, sie hatten keine Kraft mehr, darüber nachzudenken: Es war der letzte, rasende, hysterische Aufschrei von jemandem, der plötzlich allein ist mit der Einsicht, dass er verloren ist, vernichtet, ans Kreuz genagelt und verdammt.
Ich bestellte mir Gesetzbücher und verbrachte meine ganze

Freizeit damit, Exzerpte von Gesetzestexten anzufertigen, die die Arbeit und die Haftbedingungen von Lagerinsassen regeln. Bald kannte ich alle Gesetze, die ich brauchte, auswendig, weil ich wusste, dass man im Falle eines offenen Aufstands alles beschlagnahmen würde – meine Bücher wie meine Notizen.

159.

Alles, was in der Menschheitsgeschichte irgendwie von Wert war, ist entstanden, weil jemand bereit war, sich aufzuopfern – für eine Idee, eine Sache, einen anderen Menschen. Große Kunst, große Politik, große Religion und letztlich auch große Liebe beginnt in dem Moment, in dem sich jemand findet, der keine Angst hat, sich selbst zu opfern.

Es reicht nicht, Lämmer, Kälber, Tauben und diverse Besitztümer als Opfer darzubringen. Manchmal muss man sich selbst opfern.

»Tee und Essen sind für euch gestrichen, die Toilettenpausen und das Rauchen auch, für eine Woche. Und ab jetzt werdet ihr immer wieder bestraft, wenn ihr nicht anfangt, mit Tolokonnikowa so umzugehen, wie die Altinsassen seinerzeit mit euch umgegangen sind. Haben sie euch geschlagen? Klar. Die Mäuler zerfetzt? Natürlich. Lasst sie bluten. Euch passiert nichts«, sagt unsere Truppenälteste auf einer Versammlung.

Meine etwa fünfzigjährige Bekannte hat man in die »Druck-Einheit« versetzt – eine Einheit, in der man täglich von Mithäftlingen verprügelt wird –, weil sie das vom Justizministerium der RF herausgegebene *Regelwerk für die innere Ordnung in Besserungsanstalten* mit mir zusammen gelesen und diskutiert hatte.

»Was soll diese Hölle? Warum bestrafen Sie die ganze Kolonie dafür, dass ich Ihnen nicht passe? Warum verbieten Sie ihnen, sich zu waschen?! Warum nehmen Sie ihnen die Löffel weg? Was wollen Sie überhaupt von mir?!« Müde und wütend stehe ich im Büro des stellvertretenden Lagerleiters.

»Denk mal scharf nach«, der Stellvertreter kneift die Augen zusammen.

»Was wollen Sie?«

»Ganz einfach. Erstens: Hör auf, mit Anwälten und der Presse zu sprechen. Zweitens: Erzähl uns was von deinen Freundinnen, die mit dir zusammen in der Kathedrale aufgetreten sind. Und schon hast du ein schönes Leben in der Kolonie.«

»Sie wollen, dass ich meine Freundinnen verrate?«

»Nenn es doch anders, warum denn gleich ›verraten‹?«

Ich denke nach. Die Situation in der Kolonie ist tatsächlich furchtbar. Ich habe mich noch nie so schlecht gefühlt und solche Angst gehabt.

»Gut. Ich werde sprechen«, sage ich schließlich. »Sie haben mich überzeugt. Ich sage aus.«

Der Stellvertreter nimmt ein Blatt Papier, um meine Aussage aufzunehmen. Um aufzunehmen, wie ich meine eigenen Leute verrate. Wie ich moralisch zu Boden gehe. Mich selbst vernichte.

»Also, ihre Namen sind: Balaklawa und Pochljobka. Die mit der rosa Mütze ist Balaklawa, die mit der blauen – Pochljobka. Schreiben Sie mit?«

»Ich will ihre Vor- und Nachnamen wissen.«

»Ba-la-kla-wa. Poch-ljob-ka.«

Der Stellvertreter ist in Rage.

»Wo habt ihr euch kennengelernt?«

»Auf einer Ausstellung für zeitgenössische Kunst.«

»Welche war das?«

»Oh, das ist schon so lange her, hab ich vergessen. Sie haben ja selbst gesagt, dass Frauen irrational sind. Hab ich vergessen.«
Ich werde hinausgeführt. Am nächsten Tag trete ich in den Hungerstreik.

160.

»Ich schätze strenge Rahmenbedingungen, und ich schätze Prüfungen. Ich verspüre ein lebhaftes Interesse daran, wie ich mit alldem fertigwerde. Mehr noch: wie ich es schaffe, diese Erfahrung in eine für mich und meine Freunde produktive Richtung zu lenken. Ich sehe hier etwas, das mich inspiriert, etwas, das mich fördert. Ich sehe es nicht dank, sondern trotz des Systems, in dem ich lebe.«
(aus meinem Brief an Žižek vom 16. April 2013, geschrieben am Nähtisch im Werk IK-14 der Republik Mordwinien)

Fünf Lagen Pullover schützen nicht vor der durchdringenden Kälte. Ich sitze auf der schmalen kalten Bank und schreibe. Ich bin im Strafbunker.
Unfassbare Kälte. Ein altes Manöver, das die Lagerleitung noch in der Sowjetzeit verinnerlicht hat – die Herstellung von unerträglich niedrigen Temperaturen in den Zellen der Einzelhaft, um die Gefangenen zu brechen.
Wenn ich Schwindel oder Schwäche spüre, lege ich meinen Kopf auf den Tisch, aber die Aufseher brüllen mir hinter der Tür zu, dass das verboten ist. Auf dem Bett sitzen oder liegen ist verboten. Meine Körpertemperatur ist wegen des Hungerstreiks gesunken, mir ist schwindelig. Schwaches, kaltes Licht, und aus dem Hahn kommt nur kaltes Wasser. Strafbunker.

161.

»Jede Handlung in unserem Leben kann uns nichtig erscheinen, und trotzdem ist es äußerst wichtig, sie zu verrichten«, sagte Gandhi. Wer sind du und ich schon, dass wir Gandhi widersprächen?

Mit meinem Hungerstreik im September und Oktober 2013 forderte ich:

1. den Arbeitstag auf acht Stunden zu reduzieren;
2. die Anzahl der Polizeiuniformen zu reduzieren, die wir pro Arbeitstag zu nähen haben;
3. zwei freie Tage pro Woche einzuführen;
4. den stellvertretenden Kolonieleiter, der mir und anderen Gefangenen wegen der Kritik an den Bedingungen in der Kolonie den Tod androhte, zu bestrafen und zu entlassen;
5. die Verfolgungen und Repressionen gegen diejenigen zu unterlassen, die sich über die Bedingungen in der Kolonie beschweren.

162.

In einem Moskauer Gefängnis wird die Hochzeit eines Politgefangenen und seiner Freundin gefeiert. Er sitzt schon über zwei Jahre hinter Gittern. Vor ihm liegen noch etliche mehr.

»Du fühlst dich so krass an, so … echt.«

»Ich liebe dich so.«

»Und ich dich noch mehr.«

Bleib echt.

»Ich habe schon mit einigen Häftlingen dort gesprochen, mir stehen die Haare zu Berge: Tolokonnikowa ist in Einzelhaft, dort ist es irre kalt.
Sie ist blass, so wie jemand, der hungert. Während sie in dieser Zelle ist, hat sie nicht einmal das Recht, sich tagsüber aufs Bett zu setzen. Aber wenn sie weiter hungert, wird sie sich auf jeden Fall hinlegen müssen, was sofort einen Regelverstoß und die Versetzung in den echten Karzer bedeuten würde.
Das ist ein kleiner Betonraum, in dem man nur auf einer schmalen, eisenbeschlagenen Bank sitzen kann. Das ist Folter durch Kälte und Bewegungsentzug.«
(Menschenrechtler Ilja Schablinski)

163.
Die Frauenlager zeichnen sich insgesamt durch die völlige Abwesenheit organisierten Widerstands aus. Während die Insassen im Männerlager wissen, wie man protestiert, ist das Frauenlager eine autoritäre Gesellschaft, innerhalb derer die Menschen es vorziehen, jede Willkür der Beamten und jede Verschärfung des Regimes hinzunehmen.

Bringt Protestkultur in die Frauenlager!

»Ich habe großen Hunger, aber es fällt mir nicht schwer, mich zu beherrschen, in dem Sinne, dass es mich nicht zum Essen hinzieht, dazu, es einfach zu nehmen, weil ich weiß, dass das eine Art Verlockung Satans ist. Nicht ein Bonbon werde ich essen. Das ist das Zeichen, das ich setzen will, ein völlig wahnsinniges. Was mit mir geschehen wird, weiß niemand, aber alle halten es für Wahnsinn. Sie unterstützen mich, die meisten un-

terstützen mich, aber ihnen ist klar, dass ich dabei bin, mein eigenes Todesurteil zu unterschreiben.«
(aus dem Tagebuch, das ich während des Hungerstreiks geführt habe)

164.
Verliere dich und finde dich neu.

Dem Duma-Abgeordneten Ilja Ponomarjow ist es gelungen, mich im Gefängniskrankenhaus zu besuchen. Er war zehn Minuten lang bei mir und berichtete der Außenwelt dann Folgendes: »Nadja hat keine Spuren von Schlägen im Gesicht, aber ihr ganzer Körper ist mit einem Ausschlag bedeckt, die Ärzte vermuten, dass es Staphylokokken sind. Ihr Zustand ist schlecht – sie ist sehr geschwächt und leidet an Übelkeit. Sie sieht schlimm aus, fast als würde sie im Sterben liegen.«

165.
Think once, think twice, think Pussy Riot.

Einer der Aufseher sagte einmal zu mir, an die uns trennenden Gitterstäbe gelehnt: »Weißt du, der Bürgerkrieg ist nicht mehr weit. Alles läuft darauf hinaus. Putin hält sich zäh. Von selbst geht der nicht. Eines Tages sehen wir uns auf derselben Seite der Barrikaden wieder.«
»Wie soll das gehen, mit Ihren Schulterklappen?«
»Ganz einfach. Ich habe nicht *diesem* Staat Treue geschworen. Denen bin ich nichts mehr schuldig. Ich nehm die Schulterklappen ab und geh mit euch.«

»Wann?«
»Wenn der Aufstand beginnt. Der gnadenlose russische Aufstand.«

166.
Ein Lagerleiter ist sicher kein »Herr«, wie er heutzutage genannt wird. Er ist ein Bediensteter. Ein Beamter, der verpflichtet ist, gesetzeskonform zu handeln, und gegen dessen Handeln jederzeit Beschwerde eingelegt werden kann. Und wenn diese Beschwerde begründet ist, verliert der Beamte seine Position. Und das ist richtig so.

In meine Einzelzelle kommt der Leiter des Gefängniskrankenhauses. Ich erhebe mich nicht vom Bett: Ich kann nicht mehr aufstehen. Mein Körper ist übersät mit eitrigen Pusteln – eine Folge des andauernden Hungerns.
»Wollen Sie mit dem Bevollmächtigten für Menschenrechte beim Präsidenten der RF sprechen?«
»Okay.«
Der Krankenhauschef ruft im Empfangsbüro des russischen Präsidentenapparats an. Man reicht mir ein Mobiltelefon.
»Nadja?«, ertönt die Stimme des Bevollmächtigten. »Hören Sie mit dem Hungerstreik auf. Ich werde persönlich dafür sorgen, dass sich die Haftbedingungen in Ihrer Kolonie in Mordwinien verbessern.«
Ich liege auf einem weißen Krankenhauslaken und spreche über ein Mobiltelefon mit dem Bevollmächtigten für Menschenrechte beim Präsidenten Putin. Sieht so aus, als würden ich und meine Freunde, die eine Informationskampagne zur Unterstützung meiner Position gestartet haben, gewinnen.

167.

Das Gefängnis radiert bis zu einem gewissen Grad alle kulturellen und sozialen Unterschiede aus; deshalb wäre es naheliegend, eine globale politische Bewegung ins Leben zu rufen – eine solidarische Gefangenenbewegung.

»Ab Januar 2014 wird der Lohn für die Verurteilten nach einem neuen Tarif berechnet.
›Dies steht in keinerlei Zusammmenhang mit den Beschwerden Nadja Tolokonnikowas‹, kommentiert der Föderale Strafvollzugsdienst Russlands FSIN.«
(Nachrichtenmeldung, Oktober 2013)

168.

»Der Widerstand und die verzweifelten Versuche, das System von innen heraus zu verändern, gaben mir die Kraft zu überleben. Das alles hat mir geholfen, daran zu glauben, dass das Leben unter den Bedingungen der Unfreiheit keine leere Zeitverschwendung ist. Es hat einen Sinn. Und nichts ist vergebens.«
(an meinem ersten Tag in Freiheit)

Unfreiheit ist kein Grund zum Nichtstun und Jammern.

Mordwinien. Frühjahr 2014. Ortschaft Jawas. Hier sitzt die Lagerverwaltung. Seit Generationen dienen hier Menschen als Aufseher.
Ich stehe zum ersten Mal auf der »freien« Seite des Stacheldrahts. Vor kurzem wurde ich freigelassen, und jetzt bin ich

wieder nach Mordwinien gereist – um denen zu helfen, die in der Zone geblieben sind.

In der Gegend um den Gefängniskomplex trifft man nicht so leicht Zivilisten. Über kaputte, mit zähem Frühlingsschlamm bedeckte Straßen trotten Mitarbeiter einsam zum Dienst – Männer, Frauen, junge, ältere, mit leuchtend rotem Lippenstift um den Mund und ohne. Alle in der gescheckten Uniform der Gefängnisleute.

169.

Politik in Russland ist immer auch ein wenig Kunst und immer Philosophie. Das macht sie romantisch, aber auch nutzlos. Nutzlos in erster Linie für das Land. Die Menschen leben in Erwartung einer politischen Apokalypse.

»Du bist eine unverbesserliche Rebellin, Nadja … Alle Verurteilten der Frauenkolonien sind in Gedanken bei dir und sehr dankbar für alles, was du tust, sagst, verwirklichst … Aber warum eigentlich nur die der Frauenkolonien? Aller Kolonien!!!!!!!!!«

(SMS aus der Strafkolonie, 2015)

Hättet ihr uns besser mal nicht eingesperrt. Selbst schuld: Jetzt werden wir euch nicht so schnell in Ruhe lassen. Gleich am ersten Tag nach der Freilassung, im Dezember 2013, haben wir die *Sona Prawa – Rechtszone* gegründet. Die Mission von *Sona Prawa* ist die Abschaffung des verkommenen Strafvollzugssystems, das Menschen zermalmt und Särge ausspuckt. Jeden Tag kommt es zu Todesfällen im Polizeigewahrsam, in den Gefängnissen – Tausende von Todesfällen jährlich, die Hälfte we-

gen Tuberkulose, einer Krankheit, an der man bei dem heutigen Stand der Medizin eigentlich unmöglich erkranken kann, und an HIV, das in Freiheit längst kein Todesurteil mehr ist. Wir werden die Mitarbeiter der Lager und der Polizei umerziehen, mit Zuckerbrot und Peitsche bringen wir ihnen bei, in den Festgenommenen und Inhaftierten Menschen zu sehen.
Wir helfen Hunderten von Häftlingen, Beschwerden, Erklärungen und Gesuche ans Gericht zu verfassen. Unsere Juristen führen vor russischen Gerichten und vor dem Europäischen Gerichtshof für Menschenrechte Prozesse gegen Gefängnisverwaltungen, Juristen helfen schwerkranken Gefangenen dabei, vorzeitig entlassen zu werden, Mediziner fahren in die Kolonien und erstellen unabhängige Gesundheitsgutachten bei Krebs-Patienten und HIV-Infizierten.
Wir unterstützen diejenigen, die bereit sind, für ihre Rechte zu kämpfen. Wir geben ihnen Informationen, Juristen und dank der öffentlichen Kontrolle mehr Sicherheit. Wir fangen bei den Lagern an – aber wir sind sicher: Wenn wir den Verurteilten zu einem legalen Weg des Widerstands gegen die eigene Versklavung verhelfen, dann können wir auch viel mehr für die zahlreichen Bürger Russlands tun, die ihre Unzufriedenheit über das politische System Putin loswerden wollen, aber bisher nicht wissen, wo das Beschwerdebuch liegt.

170.

Would you rather be Pussy Riot?

Alexander Rejmer, der ehemalige Chef des Strafvollzugsdienstes der Russischen Föderation, wurde verhaftet und sitzt jetzt in einer Zelle des Gerichts im Moskauer Stadtbezirk Presnja, in

einem dunklen Pullover, die Hände schützend vorm Gesicht. Wozu denn, Alexander Alexandrowitsch? Wir wissen doch, wie Sie aussehen. Sie sind eine bekannte Persönlichkeit.
Auf Ihren Besuch mit der Moskauer Kommission haben wir in der U-Haft und in den Lagern gewartet, wir haben die modrigen Wände gestrichen und innerhalb eines Tages in der ganzen Zone Asphalt verlegt, damit Sie sich wohlfühlen. Wir haben bei Ihnen Beschwerden eingereicht, dass wir keine medizinische Behandlung bekommen und geschlagen werden, aber Sie haben nie geantwortet. Sie sind eine bekannte Persönlichkeit.
Und jetzt verstecken Sie Ihr Gesicht hinter Ihren Händen, man hat Sie verhaftet und eingesperrt, beschuldigt Sie des Diebstahls elektronischer Fußfesseln im Wert von drei Milliarden Rubel. Na, kommt vor. Als wir Sie fragten, warum man uns so beschissenes Essen gibt, haben Sie gesagt: »Selbst schuld, man soll eben keine Straftaten begehen.«
Stimmt, Alexander Alexandrowitsch. Soll man nicht.

7
RUSSIA TODAY

171.

The Russia wants to eat us alive. The Russia's power mad. She wants to take our cars from out our garages. / Her wants to grab Chicago.

(aus dem Gedicht »America« *von Allen Ginsberg)*

Kommen Dienstanwärter zum FSB. Sie haben die Prüfungen so weit bestanden, nun sagt man ihnen:
»Jetzt kommt der letzte Test. Wer den besteht, ist drin.«
Man zeigt ihnen einen Raum, in dem sich die Ehefrauen der Männer aufhalten. Die Anweisung:
»Hier ist eine Pistole. Geh und erschieß sie fürs Vaterland – dann bist du angenommen.«
Alle verweigern, nur einer willigt ein. Aus dem Raum ertönen Schüsse, dann Schreie, Gepolter, Kampfgeräusche. Der Bewerber kommt wieder raus, klopft seine Uniform ab und sagt:
»Die Patronen waren Blindgänger, ich musste sie erwürgen.«

172.

Könnte man alle Probleme auf der Welt lösen, indem man mit einer karierten Wolldecke gemütlich auf dem Sofa liegt, dann hätte Kolumbus nicht Amerika entdeckt und Jermak wäre nicht losgestiefelt, um Sibirien zu erobern. Und ich wäre überhaupt nicht geboren worden, denn ich bin in Sibirien zur Welt gekommen.

Roll die Wolldecke zusammen, pack sie in deinen Wandersack – mach dich auf und entdecke Sibirien und Amerika.

»Russland ist als einziges Land auf der Welt fähig, Amerika in radioaktive Asche zu verwandeln.«
(Dmitri Kisseljow, russischer Fernsehmoderator, Generaldirektor der internationalen russischen Nachrichtenagentur Russia Today*)*

173.
Your body is a battleground.

Als ich gerade mit der Schule fertig war, gab ich meinem ersten potentiellen Liebhaber einen Korb, weil das Arschgesicht den Wert des *Schwarzen Quadrats* von Malewitsch nicht genügend zu schätzen wusste. Ich finde, das *Schwarze Quadrat* sollte Flagge, Wappen und Symbol Russlands werden.
Momentan ist das Symbol Russlands der kleine Ex-Spion Putin, der gern Geld klaut und die politische Opposition vernichtet. Und der außerdem ein anderes Symbol Russlands beneidet: Stalin. Schlimme Russland-Symbole. Ganz schlimme.

174.
Bei Nietzsche ist Gott tot und bei uns die Politik. Der Mensch glaubt nicht an die Mechanismen sozialer Wandlung. Er ist überzeugt: Auflehnen bringt nur Unheil.

Lehnt euch auf – erst recht. Lehnt euch auf – trotz allem. Es wird sich auszahlen.

Als erfahrener Sportler hat sich Putin lange aufgewärmt. Zunächst hat er zehn Jahre lang nur geklaut und Kapital angehäuft. Dann hat er begonnen, eine Ideologie zusammenzuschustern. Erst nahm er sich die Religion vor, spielte die Pussy-Riot-Karte, machte Patriarch Kirill im Jahr 2012 zum wichtigsten Protagonisten der Fernsehsendungen. Dann spielte er die Sport-Karte: die Olympischen Spiele, oder, wenn man so will, *Olympia* (1938, Leni Riefenstahl).
Und nun: »Russische Welt«, »Russischer Frühling«, »Verräter der Nation«, »fünfte Kolonne« und »freiwillige Isolation«, »wir holen uns alles zurück«, »unsere Ikonen sind die schönsten«, »unsere Raketen sind die schärfsten«.

175.

»Der Faschismus lag richtig, weil er von einem gesunden national-patriotischen Gefühl ausging, ohne das kein Volk seine Existenz festigen oder eine Kultur begründen kann.«
(Iwan Iljin, Putins Lieblingsphilosoph)

Beschäftige dich mit Philosophie: Sie lehrt dich, wie Faschismus entsteht.

Einmal wandte sich der Journalist Anton Krassowski, als er an die sieben Mal pro Tag bedroht wurde, an einen Bekannten bei der politischen Polizei.
»Antosch«, antwortete der Bekannte, »du lebst doch noch. Wenn sie dich umbringen – dann machen wir was.«
Krassowski ging los, kaufte sich ein Fläschchen Chablis und fiel den Behörden nicht länger auf die Nerven.

176.
Jedes Mal, wenn ich eine Frau mit High Heels sehe, empfinde ich Mitleid und will sie fragen, ob sie huckepack genommen werden möchte.

»Bürger, auseinandertreten! Ihre Handlungen sind nicht genehmigt! Sie versperren anderen Bürgern den Weg!«, brüllt mir ein Bulle durch ein Megafon ins Ohr.
»Wir gehen nur ein bisschen spazieren«, antworte ich.
Wir veranstalten eine Volksversammlung für die Befreiung politischer Häftlinge. Im Zentrum von Moskau. Hotel National und der Rote Platz. Die Teilnehmer der Zusammenkunft schlendern an der Absperrung entlang. Der Manegen- und der Rote Platz sind abgesperrt, man kann nur außerhalb der eisernen Absperrungen laufen. Stehenbleiben ist verboten – auf jeden, der stehenbleibt, stürzt sich sofort ein Polizeikommando und schleift ihn in den Gefangenentransporter.
»Geht woanders spazieren«, donnert der Bulle und gibt den Befehl, mich zu verhaften.

177.
Gefängnisse lassen sich nicht anhand von Büchern erfahren – am eigenen Leib muss man spüren, wie sich Macht, Unterwerfung und Protest in einer Gesellschaft zueinander verhalten, deren oberste Ziele Gleichschaltung und Abwertung sind, in einer Gesellschaft, wie sie *de facto* jede Elite anstrebt, deren Macht nicht eingeschränkt wird.

»Jetz 'n Bierchen.«

»Ich war heut in der Uniklinik, in der Notaufnahme. Da wurde einem Aktivisten, der bei den Wahlen in Balaschicha zusammengeschlagen wurde, die Milz entfernt. Der darf grad gar nichts außer Antibiotika und Kochwurst. Wollte auch 'n Bier.«
(Gespräch zwischen zwei Moskauer Journalisten)

178.

Du und ich, wir dürfen die Waffen nicht der Regierung überlassen. Gay Pride statt Militärparaden!

LGBTQ-Rechte sind meine Familienwerte. Die sogenannten traditionellen Familienwerte können jederzeit in Unterdrückung und Gewalt umschlagen. Sie sind nur darauf ausgerichtet, dass der heterosexuelle Mann tun kann, was er will.

179.

Verlange von den Gewählten, dass sie ihre Versprechen einlösen. Informiere dich, sei kritisch! Lass dich nicht verarschen. Politiker sind einfach nur Regierungsarbeiter, und sie arbeiten für dich. Du bist das Volk, das sie eingestellt hat, und du hast das Recht und die moralische Verantwortung, ihre Aktivitäten zu kontrollieren und zu lenken.

Von den ersten Jahren seiner Regierung an hat Wladimir Wladimirowitsch Putin es sich zur Regel gemacht, sich kolossal zu verspäten. Um 5–7 Stunden verspätet er sich bei einfachen russischen Ministern und Gouverneuren. 2 Stunden warteten die Eltern der Schüler, die bei einer Flugzeugkatastrophe ums Le-

ben gekommen waren. 4 Stunden wartete der gestürzte ukrainische Präsident Janukowitsch auf Putin. 3 Stunden wartete einmal US-Außenminister Kerry auf ihn.
40 Minuten wartete die deutsche Bundeskanzlerin Merkel.
50 Minuten wartete Papst Franziskus.
14 Minuten – Elisabeth II., Königin von England.
All diesen Sterblichen will Putin sagen, dass er der russische Zar ist, Moskauer Autokrat, der Orthodoxen Stellvertreter, des Dritten Rom Beschützer. Und sie alle sind einfach nur Scheiß.

180.

Larry Flint, ein durchgeknallter Pornomagnat, veränderte die US-Rechtsprechung bezüglich der Grenzen der Meinungsfreiheit. Der österreichische »Pastafari« Niko Alm setzte das Recht durch, bei Fotos auf offiziellen Dokumenten ein Spaghettisieb auf dem Kopf tragen zu dürfen. Die Rolling Stones wurden mehrmals wegen unflätigen Verhaltens verhaftet und angeklagt. Alles Clowns und Provokateure.

Bist du mit uns Provokateuren? Wo bist du?

»Ich rede und rede. Gegen Putin. Rede mich wohl noch um Kopf und Kragen«, seufzt ein Taxifahrer. »Gestern habe ich einen jungen Mann befördert, mit ihm hab ich auch geredet. Da stellt sich raus, er gehört zur Regierung. Im Grunde war er ganz okay, ein netter Bursche. Vielleicht stimmte er mir im tiefsten Innern sogar zu. Vielleicht sperren sie mich aber auch bald ein.«
»Man wird heute nicht eingesperrt, wenn man etwas gegen Putin sagt«, beruhige ich ihn. »Da muss man schon was Ernsteres tun.«

»Sich vor dem Kreml anzünden oder wie?«
»Dafür bestimmt!«
»*Liebend gern* würd ich mich anzünden, wenn sich dann etwas ändern würde in unserem Land.«

181.
Wenn wir ein ehrliches Buch schreiben, dann wird es ein Buch über den Tod allen Lebens in der Zeit der politischen Reaktion. Und darüber, wie unser Aktivismus mit diesem Tod ringt.

Fünf Foltermethoden, die bei der russischen Polizei und im Knast angewendet werden:
- *Kleiner Elefant*: Dem Häftling wird eine Gasmaske aufgesetzt, die Luftzufuhr abgeschnitten und die Atemnot so lange fortgesetzt, bis er gesteht oder sich bereit erklärt, die nötige Aussage zu machen.
- *Schwalbe*: Foltermethode, bei der dem Menschen Füße und Hände hinter dem Rücken mit Stricken oder Handschellen gefesselt werden, wobei die Hände auch an die Füße gebunden werden. In diesem Zustand wird er entweder aufgehängt, geschlagen oder einfach in dieser Position belassen, bis er gesteht.
- *Laden* oder *Supermarkt*: Dem Häftling wird eine Plastiktüte über den Kopf gestülpt, die Luftzufuhr abgeschnitten und Atemnot erzeugt, bis er die gewünschte Aussage macht.
- *Internet* oder *Anruf bei Putin*: Das sind unterschiedliche Methoden des Einsatzes von Strom für die Folter. In der Regel wird ein Dynamo oder ein altes Telefon verwendet. An verschiedenen Körperteilen werden Kabel befestigt und, mit zunehmender Stromstärke, Aussagen erwirkt.

- *Grasmücke*: Verwendet wird eine Holzbank, auf die der Häftling gelegt und mit Handschellen festgekettet wird. Über einen der Füße dieser Bank wird ein Seil geworfen, mit dem man am Bein des Opfers zieht. Dadurch kommt es zu einer Dehnung der Leistenmuskeln und -bänder: Die zugefügten Qualen sollen zum gewünschten Ergebnis führen.

182.

Es gibt ein Medikament gegen das Altern: Reiß dich in Stücke, dann lösen sich die abgestorbenen Zellen und an den offenen Wunden wachsen neue.

Ich lebe in einem Russland, wo man einen Stein nach einem Hund wirft und dabei garantiert etwas trifft, was der Entwicklung bedarf. Dieses Entwicklungspotential ist berührend und aufregend. Warum sollte ich hier weg?

183.

Echte Wahlen finden nicht statt, Gay-Paraden sind verboten, die Medien durch Zensur verstümmelt. Auf Journalisten, Politiker und Bürgerrechtler wird auf offener Straße geschossen.

Du und ich, wir haben viel zu tun.

»Eine Frau habe ich sogar auf die Straße gesetzt. Auf die Brust hat sie sich gehaun: ›Er ist kein Präsident, er ist Gott‹«, erzählt mir der Taxifahrer. »Ich nenne ihr Fakten, sie wiederholt das, was im Fernsehen gesagt wird. Nicht mehr, nicht weniger. Spricht es Wort für Wort nach. Ich halte an, sage: ›Steigen Sie bitte aus, ich kann Sie nicht befördern.‹ Wie kann man das nicht sehen: Dieser Putin klaut. Die klauen alle … Das ist nicht ihr Geld, sondern unseres. Meins, deins, das von unseren Kindern. Guck mal, da fährt ein Mann mit Schnurrbart, da. Auch sein Geld!«

184.

Ich zitiere eine Rede Putins nach der Nachrichtenagentur Regnum. *Copy and paste.* Sie schreiben mir: »Jegliche Nutzung von Materialien ist ausschließlich mit Hyperlink auf IA REGNUM zulässig.«

Wie bitte? Ich als kleines, aber stolzes Teilchen des russischen Volkes werde doch wohl ohne Link auf eure verfickte Agentur meinen Präsidenten zitieren dürfen! Dazu habe ich jedes Recht.

»Mir kam unser berühmtestes Symbol in den Sinn. Der Bär, der seine Taiga bewacht. Manchmal kommt mir der Gedanke: Vielleicht sollte unser Bärchen einfach mal ruhig herumsitzen? Keine Ferkel oder Schweine durch die Taiga jagen, sondern sich von Beeren und Honig ernähren? Vielleicht lässt man ihn dann in Ruhe? Nein, lässt man ihn nicht! Man wird immer bestrebt sein, ihn an die Kette zu legen. Und sobald es gelingt, ihn an die Kette zu legen, wird man ihm Zähne und Krallen ausreißen.

In der heutigen Diktion heißt das atomare Abschreckung. Sobald, Gott bewahre, das Schlimmste geschieht, hat das Bärchen ausgedient, und sie reißen sich die Taiga unter den Nagel. Schon mehrmals war von verschiedenen Persönlichkeiten zu vernehmen: Es sei ungerecht, dass Sibirien mit all seinen Reichtümern Russland gehöre. Wie bitte, ungerecht? Texas von Me-

xiko abzwacken – das ist gerecht, aber wenn wir auf unserem eigenen Boden wirtschaften – das ist ungerecht.
Und wenn man ihm Krallen und Zähne ausreißt, ist der Bär nicht mehr zu gebrauchen, wie ausgestopft, und das war's. Deswegen: Es geht nicht um die Krim. Es geht darum, dass wir unsere Selbständigkeit, unsere Souveränität und unser Existenzrecht verteidigen. Genau das müssen alle begreifen!«
(Wladimir Putin, Präsident der Russischen Föderation, 18. Dezember 2014)

185.
Die wichtigste Regel für Ratschläge ist: Es kann keine allgemeingültigen Ratschläge geben.

»Wir laden Sie ein zu einem Vortrag der allrussischen Bewegung *Gottes Wille*. Thema des Vortrags: *Wird Putin zum Gott durch Gnade?*
Sie werden erfahren, ob unser Präsident Wladimir Putin Gott durch Gnade wird, d. h., ob er über all das verfügen wird, worüber der Schöpfer des Universums verfügt. Wird Wladimir Putin endlose Wonne durch das ihm von Gott gegebene vollkommene Wissen erlangen? Wird er die großen Gedanken jenen GEISTES denken, der die Welt erschaffen hat, werden seine Gefühle erfüllt sein von vollkommener Freude, da er Gott schaut, und die Liebe unendlich wachsen durch die Kraft des Heiligen Geistes? Wird der Wille Wladimir Wladimirowitschs sich verbinden mit dem Willen Gottes? Wird der nationale Führer Russlands die unendliche Vollkommenheit Gottes erblicken, in die Tiefen des göttlichen Wesens vordringen? Ist Wladimir Putin Gott von Natur oder kann er es nur durch Gnade werden?

Kann man sich vor Wladimir Wladimirowitsch verneigen wie vor einem Gott auf Erden?
Antworten auf diese und viele weitere Fragen bekommen Sie, wenn Sie unseren Vortrag besuchen, den der Gründer der Bewegung *Gottes Wille* und Experte auf dem Gebiet des metaphysischen Putinismus, Dmitri Enteo, halten wird. Nach einer Diskussion wird es einen Runden Tisch geben zum Thema der Rolle Wladimir Putins bei der geistigen Festigung der Russischen Föderation, bei dem jeder seine Meinung äußern kann. (…)
Ort der Veranstaltung: Internationaler Fonds des slawischen Schrifttums und der Kultur. Moskau, Metro Tretjakowskaja. Tschernigowski Pereulok 9/13, 1. Stock.«
(Internet-Ankündigung zum Vortrag der Bewegung Gottes Wille, *August 2014)*

186.

Wenn Jesus Christus heute tatsächlich in Russland auferstehen und predigen würde, was er gepredigt hat, dann würde ihm Folgendes blühen:

a. Erfassung als ausländischer Agent;
b. 30 Tage Gefängnis wegen Verstoßes gegen das Versammlungsgesetz;
c. 6 Monate für die Beleidigung der Gefühle Gläubiger;
d. 2 Jährchen nach § 282 ohne Aussicht auf Rabatt;
e. 4 ½ Jahre für die Teilnahme an Massenunruhen;
f. 15 Jahre für Extremismus.

Wähle drei beliebige Punkte aus und entscheide, welche Strafe Jesus im heutigen Russland zu erwarten hätte.

Wenn ich mich an einem lauten Ort jemandem vorstellen muss, ist das Beste, was ich in vier Worten über mich sagen kann: »Nadja. Zwei Jahre gesessen.«
So das Schicksal. So das Land. So die Identität.

187.

Die Politik braucht Heilige, von denen sie nach dem Triumph der Prinzipienlosigkeit gereinigt und neu erschaffen wird.
Ich bin keine Heilige. Aber wenn es euch einmal an Heiligen mangeln sollte und solche wie ich passend erscheinen, pfeift einfach laut, ich komme gern. Zumindest kann ich versprechen, dass die Wahlkampagne nicht langweilig wird.
Was auch immer du tust – verbiete dir, öde zu sein. Alles andere ist erlaubt. Eigentlich ist alles erlaubt.

Ich will mich ordentlich betrinken, spätnachts aus dem Lokal torkeln, einen halbleeren Bahnhof betreten und eine Fahrkarte kaufen, auf den schon anfahrenden Zug springen, beim Zugbegleiter gepantschten Rotwein kaufen, mich im Abteil mit den drei Mitreisenden verquatschen, von denen einer garantiert ein ehemaliger Häftling ist. Im Vorraum des Waggons hocken und rauchen, rauchen, rauchen.
Morgens vom Geschrei des Zugbegleiters aufwachen, der ruft, dass der Zug jetzt ins Depot fährt. Auf den eisigen Bahnsteig treten, ins Bahnhofscafé gehen, faden Kaffee bestellen und das Telefon aufladen.
Komischerweise träume ich davon mehr als vom verschneiten Paris und dem warmen Asien. Irgendwas stimmt mit mir nicht. Entweder liebe ich meine Heimat, oder ich habe Flugangst.

188.

»Ich weiß nicht, wieso man mich gleich anbrüllen muss. Warum sollte ich für die russisch-orthodoxe Kirche lobbyieren? Dafür werde ich doch nicht bezahlt. Ich bin von den o. g. Anweisungen ausgegangen. Entschuldigung.«

(aus einer von Hackern geknackten Korrespondenz zwischen Mitarbeitern der Russischen Präsidialverwaltung)

Wenn ich erfahre, dass meine Gegner prinzipienlos sind, weckt das neue Energien in mir. Es bedeutet, dass man sie besiegen kann. Und in einer für Putin unseligen Stunde werden ihn all die Prinzipienlosen verlassen, die er heute anfüttert.

Versuche, aus jeder Scheiße Pralinen zu machen.

Eine Freundin und ich laufen rum und essen Eis. Da sehe ich vor uns auf dem Boden einen Scheißhaufen. Ich deute darauf und sage: ›Guck mal, Scheiße.‹ Darauf meine Freundin: ›Ja und? Du sitzt doch nicht vorm Computer.‹«

189.

»Wenn einer mit Vergnügen zu einer Musik in Reih und Glied marschieren kann, dann verachte ich ihn schon; er hat sein großes Gehirn nur aus Irrtum bekommen, da für ihn das Rückenmark schon völlig genügen würde.«

(*Albert Einstein*, Mein Weltbild. Wie ich die Welt sehe, 1931)

Chronik der Aufnahmen zum Clip *Meister Putin wird dich lehren, die Heimat zu lieben*, Sotschi, 2014:

16. Februar. Aufgrund eines Fahndungsbefehls des FSB acht Stunden auf dem Polizeirevier verbracht. Unser Auto wurde gestoppt, fünf Kämpfer der Spezialeinheiten versperrten mit Maschinengewehren im Anschlag die Straße, kamen herbeigestürzt, rissen die Autotüren auf und befahlen uns, zackig auszusteigen. Man führte uns unter Bewachung aufs Revier.
17. Februar. Acht Stunden in der Zweigstelle des FSB zugebracht. Grenzer hatten uns in der Nähe des Olympiaparks festgenommen. Unterstützung bekamen die Grenzer von einem ankommenden Bus mit OMON-Kräften, unsere 15-köpfige Mannschaft wurde in eine FSB-Zweigstelle im Dorf Wesjoloje gebracht, was so viel heißt wie »fröhliches Dorf«.

190.
Wo schon Königinnen keine absolute Monarchen mehr sind, sollten sich Präsidenten, Premierminister und Kanzler so bescheiden wie Mäuse benehmen.

---

18. Februar. Neun Stunden auf dem Polizeirevier in Sotschi gesessen. Wir wurden während eines Spaziergangs am Hafen von Sotschi festgenommen. Die Mitarbeiter der Kriminalpolizei erklärten, aus dem Hotel Malachit, in dem die Mitglieder unserer Gruppe abgestiegen waren, sei der Diebstahl einer Tasche gemeldet worden. Auf dem Revier wurde ich mit verdrehten Armen auf den Boden geworfen und mit Gesicht auf dem Parkett durch den ganzen Veranstaltungssaal geschleift. Später rannten wir in Sturmhauben aus dem Polizeirevier und sangen dabei das Lied von Putin und der Heimat.
19. Februar. Wenn man – so stellte sich heraus – auf dem Höhepunkt der Olympischen Spiele bunte Mützen aufsetzt, un-

schön herumhampelt und dabei etwas über Putin schreit, dann kommen Kosaken und schlagen dich mit Riemenpeitschen. Das Pfeffergas, das Petja in die Augen gesprüht wurde, ließ ihn kurzzeitig erblinden, und er wurde mit der Ambulanz ins Krankenhaus gebracht. Der Aktivist Knedljanski kam mit einer offenen Kopfverletzung in ein anderes Krankenhaus. Auf polizeiliche Anweisung wollte man uns dort zunächst lange nicht behandeln.
»Ihr lebt doch noch«, sagte der Wachschutz am Eingang.

191.
Versuch gar nicht erst, unserer künstlerischen Arbeit zu folgen. Es könnte sein, dass du Dingen begegnest, die dich abschrecken.

---

21. Februar. Olympisches Sotschi 2014. Wir springen aus den Autos und rennen zum Hotel Delfin. Dort soll unsere Pressekonferenz und die Premiere des Clips *Meister Putin wird dich lehren, die Heimat zu lieben* stattfinden. Doch eine halbe Stunde vor Beginn sagt die Hotelverwaltung unsere Veranstaltung ab, mit der Begründung, im Konferenzraum sei ein Rohr geplatzt. Euch ist wahrscheinlich klar, *auf wessen Befehl* es geplatzt ist. Damit machst du uns keine Angst, Bruder: Wir zeigen den Clip draußen, neben dem Hotel.
Gestern wurden wir von Kuban-Kosaken vermöbelt, das Kosaken-Pfeffergas ist noch nicht aus den Augen gewaschen, und auf Rücken, Armen und Oberschenkeln haben wir riesige blaue Schwellungen von den Riemenpeitschen der Kosaken.
Neben dem Hotel stehen ein paar Dutzend Reporter mit Kameras und Mikrofonen, Mitarbeiter der Sicherheitsbehörden

in Zivil, eine Polizeipatrouille und ein Dutzend Aktivisten von kremlfreundlichen Organisationen. Gestern hat mir einer von denen während unserer Aktion vor dem Gebäude der Stadtverwaltung Sotschi die Faust mit voller Wucht ins Gesicht geschlagen. Einer der Aktivisten war als Hahn verkleidet.

192.

Eine *bitch* kann eine Hündin, eine Zicke oder eine Feministin sein. Es ist wichtig, das nicht zu verwechseln.

Der Anführer der kremlfreundlichen Aktivisten, ein Typ namens Ilja, wedelt mit einem rohen Hähnchen und schreit: »We like sex with chicken!«

»Jetzt wissen wir ja alle, dass du gern Hühner fickst, komm runter«, sagt das Pussy-Riot-Mitglied Alexej Knedljakowski zu Ilja. Der Junge ist verwirrt und fragt seine Kumpel: »Rufen wir das hier wirklich?« Als einer von ihnen es endlich geschafft hat, die Losung zu übersetzen, beeilen sie sich, die Rufe umzuändern in: »Wir sind gegen Sex mit Hühnern!«

Von Zeit zu Zeit beruhigt sich Ilja ein wenig und tritt zur Seite, doch dann klingelt umgehend sein Handy, er geht ran und beginnt wieder, eifrig mit dem Huhn zu wedeln und sich zu den Journalisten durchzudrängeln.

»Na kommen Sie, lassen Sie uns Bekanntschaft schließen.« Ich lege meinen Arm um einen Kremltreuen, tätschle dem nächsten die Wange. Die Jungen werden rot und halten für eine Weile den Mund.

193.

Wenn es dich nervt, dir die Beine zu rasieren oder Mak-up zu tragen, verwandle deine Abneigung in eine politische Haltung.

Wusstet ihr, dass der Film *Borat* in Russland verboten wurde? Er bekam seinerzeit keine Vorführlizenz. Denn wir sollen gute Beziehungen zu Kasachstan haben, aber die kasachische Regierung war von *Borat* ziemlich angepisst. Der Film hat ihr nicht gefallen.

Und trotzdem haben ihn alle in Russland gesehen. Wen du auch fragst, alle haben *Borat* gesehen. Natürlich ist *Borat* nicht für jeden ein Vorbild wie für mich, aber gesehen haben ihn alle.

194.

Sogar nach nicht allzu langen zwei Jahren Gefängnis erscheint mir der Ausdruck »das ist nicht witzig« völlig überflüssig – man sollte der größten Hölle im Leben nicht anders begegnen als mit einem Lachen.

»In Nischni Nowgorod hat eine Gruppe Unbekannter die Pussy-Riot-Mitglieder Maria Aljochina und Nadja Tolokonnikowa überfallen. Die jungen Leute bewarfen die Mädchen mit Metallgegenständen und Nahrungsmitteln, bespritzten sie mit Brillantgrün und einer anderen unbekannten Flüssigkeit. Tolokonnikowa erlitt Verätzungen der Augen, Aljochina eine Gehirnerschütterung. Die Aktivistinnen waren nach Nischni Nowgorod gekommen, um das Frauenstraflager *IK-2* zu besuchen, in dem Maria Aljochina ihre Haftstrafe verbüßt hatte.«
(Nachrichtenmeldung, April 2014)

195.
We are the power.

»Du bist hier nicht in Moskau«, heißt es immer dann, wenn irgendwo in der russischen Provinz ein Aktivist verprügelt wird. Aktivisten zu verprügeln und einzusperren kostet regionale Machthaber ein müdes Lächeln. Es ist Tradition – eine dieser »spirituellen Bande«, von denen die Regierung neuerdings immer spricht. Die Polizei dort betrachtet Aktivisten als persönliche Feinde, die vertrieben und ausgelöscht werden müssen.

196.
Es heißt, nur Idioten lernen aus ihren Fehlern – die Klugen lernen aus den Fehlern anderer. Ich glaube, dass man nur aus eigenen Fehlern wirklich lernen kann. Wenn du in deiner Jugend nicht selbst einmal im tiefsten Winter fast erfroren wärst, als du in dünnen Nylons zu einem Rendezvous geeilt bist, wirst du deiner Mama, die dir geraten hat, Wollstrumpfhosen anzuziehen, nie wirklich glauben.
Menschen, die Angst haben, selbst Fehler zu machen, und nur auf die Ratschläge anderer hören, meide ich. Das Leben ist zu aufregend, um Angst davor zu haben.

Mach schöne Fehler.

Ich gehe in eine Apotheke, um Kopfschmerztabletten zu kaufen. Will bezahlen.
»Junge Frau, von Ihnen geht eine enorme Energie aus! Als Sie

reinkamen, war das sofort zu spüren«, sagt die Verkäuferin zu mir. »Wahrscheinlich bin ich nicht die Erste, die das sagt.« Nein, nicht die Erste. Putin hat mir das auch gesagt, als er mich wegen meiner überschüssigen Energie einbuchtete.

197.

Der Name der Gruppe lässt sich auf zweierlei Weise übersetzen. Daher grinsen einige Mitbürger böse, wenn du mit einem Plakat zur Verteidigung von Pussy Riot dastehst: »Freiheit für die rebellierende Möse!«, so verstehen sie das Plakat. Na ja, auch das ist keine schlechte Forderung.

Freiheit für die rebellierende Möse!

In der »Gesellschaftlichen Kammer der Russischen Föderation« läuft eine Sitzung der Kommission für Wissenschaft und Bildung.
»Ich werde jetzt nicht die Worte des Heiligen Patriarchen und des Präsidenten wiederholen, die besagen, dass Erziehung auf der Grundlage traditioneller Werte erfolgen soll«, eröffnet Metropolit Ignati die Sitzung.
»Die Schule«, so fährt nach dem Metropoliten Erzpriester Dmitri Smirnow mit seinem Bass und seinem langen grauen Bart selbstsicher und ohne zu stocken fort, »sollte den Kinderchen ein Krückstock sein, um sie auf das Erwachsensein und das Familienleben vorzubereiten. Leider hat unsere Schule vor 25 Jahren unter dem Einfluss westlicher Strömungen von der Erziehung Abstand genommen und sich auf das Einflößen von Wissen beschränkt. Und es gibt noch ein weiteres Problem. 99 Prozent unserer Pädagogen sind Frauen, die aufgrund ihrer

psychophysischen Veranlagungen … nun, Pädagogen sollten nun einmal eher Männer sein.«

»Gern würden wir einen Bischof zu einem Gespräch mit den Kindern in unsere Schule einladen, aber haben Sie eine Vorstellung davon, wie viel eine Stunde Zeit von so jemandem kostet?«, bemerkt eine korpulente Frau mit Brille.

»Immerhin ist es bei Ihnen möglich, einen Geistlichen einzuladen«, entgegnet Erzpriester Smirnow, mit Bedauern die Arme ausbreitend. »In Moskau kann man nur heimlich in Schulen gehen. Und wird dann noch gebeten, keinen Priesterrock anzuziehen!«

Zum Mikrofon greift nun die Vorsitzende der gemeinnützigen Organisation *Elternkomitee*, Larissa Pawlowa. Sie ist zugleich die Anwältin der Geschädigten im Pussy-Riot-Prozess. Ich habe mehr als einen Tag mit ihr zusammen im Gericht gesessen. Ich im Käfig, sie auf der Seite der Anklage. Ein Versprecher, der ihr den ganzen Prozess über immer wieder unterlief: Sie nannte uns »die Geschädigten«. Nicht ihre Klienten, sondern uns.

»Aufklärungsunterricht als Pflichtfach in der Schule würde selbstverständlich bislang von der Mehrheit der Bevölkerung nicht akzeptiert werden.« Die immer strenge und wütende Pawlowa kam mit der alten Leier. »Wir müssen ganz deutlich zeigen, dass die Gesellschaft sexuelle Aufklärung in den Schulen ablehnt.«

»In der idealen Familie erfüllt der Mann die Funktion des Ernährers und Beschützers! Mädchen sind vom adaptiven Entwicklungstyp – sie verwenden das, was da ist. Jungen haben von ihrem Entwicklungstyp her die Neigung, auf Neues zuzugehen«, sagt der Direktor des wissenschaftlichen Forschungsinstituts für Sozial-Anthropogenese, Oleg Tschagin. »Es ist so, dass unser Volk unter energetisch schwierigen Bedingungen überleben musste. Daher haben wir die Besonderheit entwickelt, das Gesellschaftliche über das Persönliche zu stellen. Das höhere Ziel des russischen Volkes ist die Überwindung der Realien. Der ideale russische Mensch ordnet sein ›ich will‹ dem gesellschaftlichen Nutzen unter.«

198.

Die männerdominierte Welt der Politik neigt dazu, Macht und Penislänge gleichzusetzen.
»Sieh her, mein Schwanz ist riesig!«, sagt dir Putin durch seine Militärparaden und die Kriege, die er anzettelt.
Ich bin eine Frau, aber auch ich habe einen Schwanz, und der ist größer als Putins. In Wahrheit, sage ich dir, hat jede Frau einen Schwanz.

Wenn du so viele Konservative auf einem Haufen siehst, möchtest du am liebsten die eine Szene aus *Inglourious Basterds* nachspielen.

»Wir beschweren uns bei der Staatsanwaltschaft darüber, dass unsere Kinder in Sexualkunde unterrichtet werden.«
»Kräfte, die auf die Zerstörung der Familie hinarbeiten, wenden die Salami-Taktik an: Sie zerstören die Familie scheibchenweise.«
»Wir müssen zusätzliche Unterrichtseinheiten zu familiären Werten im Curriculum fordern. Auch in Mathematik und Informatik!«
»Über eine solch heikle Frage wie die Wahrung der Jungfräulichkeit bis zur Eheschließung wird geschwiegen. Wenn ein junger Mensch sich seine Jungfräulichkeit bis zur Ehe bewahrt,

ist er gezwungen, das zu verheimlichen, um nicht als weißer Rabe dazustehen.«

»Bei der Wahl eines Schuldirektors sollte nicht seine professionelle Qualität, sondern vielmehr seine religiöse und moralische Haltung den Ausschlag geben!«

»Bisher gibt es keinen getrennten Unterricht für Mädchen und Jungen. Also sollte eine frühe Eheschließung propagiert werden: Sich in der Schule verlieben – und dann heiraten. Es ist bekannt, dass die erste Liebe die stärkste ist. Lasst uns die Kinder zur Bewahrung der Jungfräulichkeit und frühen Eheschließung motivieren.«

»In unsere Stadt kam einmal eine Motorradprozession mit kinderreichen Vätern …«

»In der Gesellschaft herrscht ein Krieg gegen die Keuschheit. Man schlägt uns, und wir schweigen!«

»Ich bin selbst Lehrerin, und da kamen einmal welche zu uns in die Schule … Die erzählten von geschütztem Geschlechtsverkehr, entschuldigen Sie diese Worte …«

»Bei uns im Smolensker Gebiet gab es Fälle von Schulfeierlichkeiten zu Halloween, stellen Sie sich das vor! Im Smolensker Gebiet!«

»Wir müssen vom Staat fordern, dass die Vermittlung von traditionellen Familienwerten in den Lehrplan aufgenommen wird. Einen Priester in die Schule schicken reicht nicht!«

Wohlgemerkt: In der *Gesellschaftlichen Kammer der Russischen Föderation* läuft die Sitzung der Kommission FÜR WISSENSCHAFT UND BILDUNG!

Freiheit für die rebellierende Möse!

199.

Sie (der Staat) lieben nicht umsonst das amorphe und gesichtslose *Volk*. Dabei gibt es *das* Volk gar nicht, es gibt mich und dich und noch den Typen mit Schnurrbart, der da gerade vorbeiläuft. Volk – das ist Gleichmacherei wie im Straflager. Sie reden vom Volk, damit der einzelne Mensch sich wie ein kleines Sandkorn fühlt, gesichtslos und einsam.

»Wir hätten uns nicht in diese Geschichte mit der Ukraine verstricken sollen … Aber eigentlich rede ich nicht gern über Politik!«, flüstert mir meine Bekannte aus einer russischen Kleinstadt leise zu.

Politische Wunder werden in dem Moment geschehen, wenn bei meiner Bekannten der Glaube erwacht, dass sie eine Stimme hat, der Glaube an die eigene Meinung, die von der Meinung der Mehrheit abweichen kann und trotzdem bestehen darf.

Damit ein solcher Glaube nicht entsteht, sagt man ihr, sie sei »das Volk«. Aber du kannst ihr klarmachen, dass sie nicht allein ist. Zeige ihr Menschen, die denken wie sie. Gib ihr den Glauben daran, dass es etwas gibt jenseits der versprengten, vom Fernsehen und dem gegenseitigen Misstrauen verschreckten Atome, die sich in den Zellen ihrer Kernfamilien verstecken. Und ihre Wut und Unzufriedenheit genau dort auslassen.

Putin erzählt der Welt, Russland sei ein konservatives, rückständiges Land, das nicht reif für Schwulenrechte sei und seine Kinder vor Schwulen schützen müsse. Nun, Herr Putin, ich möchte Ihnen sagen, dass das eine Lüge ist. Russland ist eines der fortschrittlichsten Länder der Welt. Hier haben Frauen das Wahlrecht und andere Rechte früher als in den meisten anderen Ländern erkämpft. Und Russland war der Geburtsort der künstlerischen Avantgarde. Es ist nicht der konservative Sumpf, als den Putin es ausgibt. Wir werden für das Recht von Lesben und Schwulen kämpfen, offen und stolz zu leben, und wir werden siegen.

200.
Mach Weltoffenheit zu deinem Beruf.

Wir sind umringt von drei zickigen Bullenweibern, die uns befehlen, unsere Kleidung abzulegen:
»In diesen Kitteln lassen wir euch hier nicht raus. Ausziehen.«
»Wie jetzt, sollen wir nackt das Polizeigebäude verlassen?«
»Zieht die Kittel aus.«
Ich und meine Freundin Katja Nenaschewa, Künstlerin und Aktivistin, sitzen nach der Aktion *Russia Today*, Teil der Serie *Hab keine Angst*, auf dem Polizeirevier.
12. Juni 2015. Wir sind in Gefängniskleidung auf den Bolotnaja-Platz gegangen, wo 2011 und 2012 Massenproteste mit Hunderttausenden Teilnehmern gegen Putins Herrschaft stattgefunden haben. Ich trage dieselbe Uniform, in der ich mir im Lager die Finger durchstochen und einmal heimlich versucht habe, meine Muschi zu waschen, als meine Einheit bestraft wurde und wir uns nicht waschen durften.
Am russischen Nationalfeiertag nähen wir in Gefängniskitteln eine Flagge, denn Russland – das sind nicht nur der Tschekisten-Glückspilz Putin und seine Oligarchenfreunde, sondern auch 600 000 Gefangene. Wir nähen die Flagge auf dem Bolotnaja-Platz, denn Dutzende Aktivisten, die hier am Oppositionsmarsch des 6. Mai 2012 teilgenommen hatten, am Vortag

der Inauguration von Wladimir Putin, wurden ins Lager geschickt. Viele von ihnen nähen dort noch heute Polizeiuniformen.

Am Tag Russlands sind wir in Gefängniskluft auf den Bolotnaja-Platz gegangen und haben angefangen, eine russische Flagge zu nähen. Nach drei Minuten werden wir von einer Patrouille umringt und aufgefordert, in den Gefangenentransporter zu steigen.

»Ich habe das Recht, in meinem Land zu nähen!«, sagt meine Mitstreiterin in Häftlingsuniform zu den Bullen.

»Aber nicht auf öffentlichen Plätzen! Zu Hause können Sie nähen, so viel Sie wollen!«

Wird man nach unserer Aktion ein Gesetz verabschieden, das verbietet, auf öffentlichen Plätzen zu nähen? Ich habe schon dafür gesessen, dass ich öffentlich gesungen und getanzt habe, aber ich wusste nicht, dass öffentliches Nähen auch verboten ist. In Russland ist man fix mit Gesetzen. Die verabschieden ein Gesetz schneller, als du »Blaubeerkuchen« sagen kannst. Öffentlicher Debatten bedarf es nicht, kremlunabhängige Medien gibt es fast nicht mehr, und der Abgeordnete ist ein scheues Wesen – der erteilt der Präsidialverwaltung gern sein Placet. Die höllischsten Gesetze werden in dem gleichen Wahnsinnstempo auf den Weg gebracht, wie von Insassinnen mit durchgesteppten Fingern Bullenuniformen genäht werden.

Nach dem Punk-Gebet hat die Staatsduma ein Gesetz über die Strafbarkeit der »Verletzung der Gefühle Gläubiger« eingeführt. Jetzt gerade wird ein Gesetz geprüft, das der Gefängnisverwaltung erlaubt, ganz legal Häftlinge zu schlagen. Wird das Gesetz verabschiedet, dann darf man Gefangenen für einen offenen Knopf an der Lagerkleidung, ein Bonbon oder eine Augenbrauenpinzette in der Tasche Elektroschocks verabreichen. Wir nennen dieses Gesetz »Sadisten-Gesetz«.

»Es ist verboten, mitten in Moskau in Häftlingskleidung die russische Flagge zu nähen«, erklärt uns der stellvertretende Leiter des Polizeireviers. Wir sind auf der Polizei, weil wir genäht haben. GENÄHT. »Unser Land ist kein Konzentrationslager, kein Ghetto, aber alles hat seine Grenzen. Nähen Sie bitte zu Hause. Und überhaupt, sind Sie überhaupt berechtigt, eine russische Flagge zu nähen? Sind Sie ausgebildete Industrienäherin?!«
»Im Grunde schon«, antworte ich. »Ich habe zwei Jahre lang im Lager genäht. Polizeiuniformen. Hosen wie die, die Sie da tragen. Sind sie wenigstens bequem?«
»Der Stoff ist ziemlich steif«, beschwert sich der Beamte. »Und zu warm.«
»Haben Sie zufällig in der Hosentasche einen kleinen Zettel gefunden?«, frage ich ihn. Wir haben in der Zone vor dem Verpacken der Ware in die Taschen der Polizeiuniform immer Zettelchen mit Notizen gesteckt. Mit Grüßen drauf. Netten … und manchmal nicht so netten. Je nach Stimmung.
»Sie machen doch ein Selfie mit uns, oder?«, schaltet sich Katja ein. »Sie haben es uns versprochen. Ein Selfie! Mit der Nähmaschine.«
In diesem Moment steht unser Polizist auf und geht. Wir sind allein. Greifen uns Nadeln, Faden und Stoff: Und bald ist die russische Flagge fertig. Wenn sie uns schon nicht erlauben, sie auf dem Bolotnaja-Platz zu nähen, machen wir es eben hier auf dem Revier. Gar kein Problem. Die fertige Flagge hängen wir an die Wand der Polizeiwache.

Willst du etwas verändern, dann beweg dich. Warte nicht, bis man es dir auf dem Silbertablett serviert. Selbst der allerbeste, ideale Präsident wird dir einen Scheiß auf dem Silbertablett servieren. Hier wird nichts serviert. Bei uns ist Selbstbedienung.

– Jede Nutzung der Digital-Technologie um „Massenwirksamkeit“, Publicity zu generieren! – [B 17]

ANMERKUNGEN UND BELEGE

20 *Lynda Benglis'* Artforum Advertisement: Die US-amerikanische Künstlerin Lynda Benglis bewarb 1974 in der Novemberausgabe des Kunstmagazins *Artforum* ihre kommende Ausstellung mit einer selbstgestalteten Anzeige, die sie nackt, mit Sonnenbrille und einem übergroßen Dildo zwischen den Beinen zeigte, und löste damit einen Skandal aus.

30 *Kristeva*: Julia Kristeva (*1941), bulgarische Literaturtheoretikerin, Psychoanalytikerin, Autorin und Philosophin. Lebt seit 1965 in Paris.

38 *Alexander Brener*: 1957 in Alma-Ata geborener russischer Aktionskünstler. Emigrierte 1989 nach Israel.

49 *Stolypin'sche Agrarreform*: Pjotr Stolypin (1862–1911) war von 1906 bis 1911 russischer Premierminister. Er versuchte, durch Reformen die soziale Stellung der Bauernschaft zu stärken und östlich des Ural neue Anbauflächen zu erschließen. Insgesamt vertrat er eine Politik der autoritären Staatslenkung.

51 *OMON*: Otrjad Mobilny Osobogo Nasnatschenija – »Mobile Einheit besonderer Bestimmung«. Spezialeinheit der russischen Polizei, die im Unterschied zu normalen Polizeieinheiten direkt dem Innenministerium untersteht. Gegründet Oktober 1988.

58 *als ob in Stürmen Frieden wär*: Zitat aus dem Gedicht »Das Segel« von Michail Lermontow (1814–1841). Darin heißt es: »Es aber fleht um Sturm aufs Neue / Als ob in Stürmen Frieden wär'.«

76 *Silowiki*: Bezeichnung für Vertreter der Geheimdienste und der Armee, die in den Regierungen von Boris Jelzin und Wladimir Putin bedeutende politische Positionen erlangten.

82 *Gundjai*: Kirill I., mit bürgerlichem Namen Wladimir Michailowitsch Gundjajew, seit dem 1. Februar 2009 Patriarch von Moskau und der ganzen Rus und damit der Vorsteher der russisch-orthodoxen Kirche. Enger Vertrauter von Präsident Putin.

83 *Dieb im Gesetz*: Bezeichnung für bestimmte Gruppen von Kriminellen, die der organisierten Kriminalität zuzurechnen sind. Im engeren Sinne der Anführer einer solchen Gruppierung.

102 *Schisch Brjanski*: russischer Autor und Dichter (*1975), mit bürgerlichem Namen Kirill Reschetnikow.

115 *Für die Dummen ...*: russische Redensart: »Für die Dummen ist kein Gesetz geschrieben, das Geschriebene haben sie nicht gelesen, das Gelesene nicht verstanden, und wenn sie es verstanden haben, dann falsch.«

Seiten ↑

130 *»Jene Leute schätzen …«*: Michel de Montaigne, *Essais*, übers. von Hans Stilett, Frankfurt am Main 1998, S. 520.

139 *»In der düstersten Region …«*: Michel Foucault, *Überwachen und Strafen. Die Geburt des Gefängnisses*, Frankfurt am Main 1994, S. 41.

139 *»Das Gesicht und der Körper …«*: Gilles Deleuze/Félix Guattari, *Tausend Plateaus. Kapitalismus und Schizophrenie*, hg. von G. Rösch, Berlin 1992, S. 161.

146 *stolypinscher Waggon*: So nannte man ursprünglich die Eisenbahnwaggons, mit denen verurteilte Revolutionäre im Zuge der Stolypin'schen Agrarreform nach Sibirien transportiert wurden.

153 *»Ebenhier, in den Mauern …«*: aus Warlam Schalamow, *Wischera. Ein Antiroman. Erinnerungen*, übersetzt von Gabriele Leupold, erscheint bei Matthes & Seitz, Berlin.

170 *Dubinuschka*: Übersetzer unbekannt.

180 *Im Krieg wie im Krieg*: Titel eines sowjetischen Kinofilms von Wiktor Tregubow (1968, *Lenfilm*) nach der gleichnamigen Erzählung von Wiktor Kurotschkin (1965).

196 LGBTQ: Die Abkürzung steht im Englischen für Lesbian, Gay, Bisexual, Transgender und Queer, also Lesben, Schwule, Bisexuelle, Transgender und Queer.

202 *§ 282*: Artikel 282 des russischen Strafgesetzbuches verbietet das Schüren von Hass und Feindseligkeit sowie die Erniedrigung von Menschen aufgrund ihres Geschlechts, ihrer Rasse, ihrer Nationalität, ihrer Herkunft, ihres Glaubens oder ihrer Zugehörigkeit zu einer sozialen Gruppe. Dafür drohen zwei Jahre Freiheitsentzug. Zuweilen auch als »Extremismus-Artikel« bezeichnet.